DR. OETKER

Römertopf

DR. OETKER

Römertopf

CERES

Kein Zweifel, die Ansprüche an die moderne Küche sind gestiegen. Ernährungsbewußte Zeitgenossen fordern zu Recht ein rundum gesundes Essen, Speisen ohne unnötige Fettzugaben, aber mit voll erhaltenen Vitaminen und Mineralstoffen. Selbstverständlich sollen diese Gerichte mühelos zuzubereiten und appetitlich anzusehen sein. Etwas viel auf einmal? Keineswegs, mit einem Römertopf ist das alles kein Problem. Seit Urzeiten hat das Kochen und Braten im irdenen Geschirr seine Berechtigung. Die genußfreudigen Römer kultivierten das „Schmoren im eigenen Saft" schließlich zu jener Kunst, die weit weniger etwas mit Können, denn mit Kennen zu tun hat. Probieren Sie's selbst.

RÖMERTOPF
RÖMERTOPF

Was ein richtiger Suppenkaspar ist, der wird seinen Teller nur allzugern aus einem Römertopf füllen lassen. Denn wie bei keinem anderen Geschirr sorgt der poröse Ton dafür, daß das in seinen Poren gesammelte Wasser eine schützende Dunstschicht über alle Zutaten legt. Die Nährstoffe und Vitamine bleiben dadurch erhalten, selbst zarte Aromen empfindlicher Kräuter verlieren nichts von ihrem Geschmack. Und durch das langsame Erwärmen im Backofen köcheln die Gerichte überaus schonend vor sich hin. Kein Wunder, daß man sich Suppen und Eintöpfe solcher Art nicht nur gern einbrocken läßt, sondern noch viel lieber auslöffelt.

Gelbe Mungobohnensuppe

(Foto Seite 8/9)

175 g geschälte Mungobohnen (aus dem Asialaden)	kurz waschen, in den gewässerten Römertopf geben
1 Knoblauchzehe *1 Zwiebel*	beide Zutaten abziehen, fein würfeln
1 Stange Lauch (Porree)	putzen, längs halbieren, gründlich waschen, in Streifen schneiden
	die drei Zutaten in einen Kochtopf geben
750 ml (3/4 l) heiße Gemüsebrühe	dazugießen
1 EL Currypulver *1/2 TL Paprikapulver edelsüß* *1/4 TL gemahlenen Kreuzkümmel* *Meersalz* *1/2 TL gemahlenen schwarzen Pfeffer* *3 EL Rosinen* *2 EL Tomatenmark*	hinzufügen, auf die Mungobohnen gießen, mit dem Deckel verschließen, den Römertopf auf dem Rost in den kalten Backofen schieben
Ober-/Unterhitze	etwa 220 °C
Heißluft	etwa 200 °C
Gas	Stufe 4–5
Garzeit	etwa 40 Minuten
	umrühren, nochmals abschmecken, evtl. noch
etwas Gemüsebrühe	hinzufügen
1 Bund glatte Petersilie	abspülen, trockentupfen, die Blättchen abzupfen, fein hacken, über die Suppe streuen.

TIP

Nach Belieben 1 enthäutete, entkernte Tomate in Würfel schneiden, unterheben. Anstatt Mungobohnen rote Linsen nehmen.

Hühnersuppe

1 küchenfertige Poularde (etwa 1¼ kg)	unter fließendem kaltem Wasser abspülen, trockentupfen, in 6–8 Portionsstücke schneiden, mit
1 l heißem Wasser *Salz, gemahlenem Pfeffer*	in den gewässerten Römertopf geben, den Römertopf mit dem Deckel verschließen, auf dem Rost in den kalten Backofen schieben
Ober-/Unterhitze	200–220 °C
Heißluft	180–200 °C
Gas	Stufe 4–5
Garzeit	etwa 70 Minuten
	nach etwa 30 Minuten Garzeit
1 Packung (450 g) aufgetautes TK-Suppengemüse *75 g Suppennudeln*	dazugeben, die Suppe mit Salz und Pfeffer abschmecken, zugedeckt fertiggaren lassen, das Poulardenfleisch herausnehmen, von den Knochen lösen, in kleine Stücke schneiden, wieder in die Suppe geben, abschmecken.

Lauch-Kartoffel-Suppe

500 g Lauch (Porree; vorbereitet gewogen)	putzen, die Stangen längs halbieren, waschen, in fingerdicke Streifen schneiden
2–3 Zwiebeln	abziehen
500 g Kartoffeln	waschen, schälen, abspülen
	beide Zutaten würfeln, abwechselnd mit dem Lauch,
4 Rauchenden	in den gewässerten Römertopf schichten, jede Schicht mit
Salz, Pfeffer *gerebeltem Majoran*	bestreuen
750 ml (¾ l) heiße Gemüsebrühe	hinzugießen, den Römertopf mit dem Deckel verschließen, auf dem Rost in den kalten Backofen schieben
Ober-/Unterhitze	200–220 °C
Heißluft	180–200 °C
Gas	Stufe 4–5
Garzeit	etwa 60 Minuten.

Queller Topf

600 g Kartoffeln	waschen, in Wasser zum Kochen bringen, in 20–25 Minuten gar kochen, abgießen, abdämpfen lassen, noch heiß pellen, die Kartoffeln in Scheiben schneiden
40 g weiche Butter	in den gewässerten Römertopf geben
2 Zwiebeln	abziehen, fein würfeln
75 g durchwachsenen Speck	in Würfel schneiden beide Zutaten in den Römertopf geben, die Kartoffelscheiben darauf geben, mit
Salz frisch gemahlenem Pfeffer	bestreuen
500 g Schweinefilet	unter fließendem kaltem Wasser abspülen, trockentupfen, in 2 cm dicke Scheiben schneiden, schuppenartig auf die Kartoffelscheiben legen, mit Salz und Pfeffer,
gerebeltem Liebstöckel	bestreuen
3 Tomaten	kurze Zeit in kochendes Wasser legen (nicht kochen lassen), in kaltem Wasser abschrecken, enthäuten, vierteln, entkernen, die Stengelansätze herausschneiden, die Tomaten in Stücke schneiden
3 Gewürzgurken	in Scheiben schneiden beide Zutaten über das Filet geben
125 ml (1/8 l) heiße Gemüsebrühe	hinzugießen, mit
30 g Semmelbröseln 50 g geriebenem Emmentaler	bestreuen, den Römertopf mit dem Deckel verschließen, auf dem Rost in den kalten Backofen schieben
Ober-/Unterhitze	etwa 200 °C
Heißluft	etwa 180 °C
Gas	Stufe 3–4
Garzeit	etwa 45 Minuten.

TIP *Das fertige Gericht mit gerösteten Zwiebelringen und Schnittlauchröllchen bestreuen. Dazu paßt Bauernbrot und Bier.*

Möhren-Zwiebel-Eintopf

500 g Zwiebeln	abziehen
500 g Möhren	putzen, schälen, waschen
500 g Kartoffeln	waschen, schälen, abspülen
	die drei Zutaten in Scheiben schneiden
375 g Gehacktes (halb Rind-, halb Schweinefleisch)	mit
Salz, Pfeffer	würzen, mit dem Gemüse abwechselnd in den gewässerten Römertopf schichten, die Gemüseschichten mit Salz bestreuen
500 ml (1/2 l) Fleischbrühe	hinzugießen, den Römertopf mit dem Deckel verschließen, auf dem Rost in den kalten Backofen schieben
Ober-/Unterhitze	200–220 °C
Heißluft	180–200 °C
Gas	Stufe 4–5
Garzeit	etwa 70 Minuten
	den garen Eintopf nochmals abschmecken, mit
gehackter Petersilie	bestreuen.

Weißkohleintopf

750 g Weißkohl (vorbereitet gewogen)	putzen, vierteln, den Strunk herausschneiden, den Kohl waschen, in Streifen schneiden, in
kochendes Wasser	geben, kurz aufkochen, abtropfen lassen
750 g Kartoffeln	waschen, schälen, abspülen, in kleine Würfel schneiden
3 Zwiebeln	abziehen, würfeln, die Zutaten mit
4 Rauchenden	abwechselnd in den gewässerten Römertopf schichten, jede Schicht mit
Salz, Pfeffer	und nach Belieben
Kümmel	bestreuen
500 ml (1/2 l) heiße Gemüsebrühe	hinzugießen, den Römertopf mit dem Deckel verschließen, auf dem Rost in den kalten Backofen schieben
Ober-/Unterhitze	200–220 °C
Heißluft	180–200 °C
Gas	Stufe 4–5
Garzeit	etwa 70 Minuten.

Sauerkrauteintopf mit weißen Bohnen

500 g Kartoffeln	waschen, schälen, abspülen
2 Zwiebeln	abziehen, beide Zutaten würfeln, mit
500 g Sauerkraut	
4 Rauchenden	abwechselnd in den gewässerten Römertopf schichten, jede Schicht mit
Salz	bestreuen
750 ml (3/4 l) heiße Gemüsebrühe	hinzugießen, den Römertopf mit dem Deckel verschließen, auf dem Rost in den Backofen schieben
Ober-/Unterhitze	200–220 °C
Heißluft	180–200 °C
Gas	Stufe 4–5
Garzeit	etwa 90 Minuten nach 60 Minuten Garzeit
200 g weiße Bohnen mit Suppengrün (aus der Dose)	dazugeben.

Dicke-Bohnen-Eintopf

600–750 g frische, ausgepalte dicke Bohnen (3–4 kg mit Schalen)	waschen
oder	
600 g TK-Dicke Bohnen	bei Zimmertemperatur auftauen lassen
750 g Kartoffeln	waschen, schälen, abspülen, würfeln
250 g Schweinebauch	unter fließendem kaltem Wasser abspülen, trockentupfen, in Scheiben schneiden Bohnen, Kartoffeln, Schweinebauch,
gerebeltes Bohnenkraut	abwechselnd in den gewässerten Römertopf schichten, jede Schicht mit
Salz, Pfeffer	bestreuen
750 ml (3/4 l) heiße Fleischbrühe	hinzugießen, den Römertopf mit dem Deckel verschließen, auf dem Rost in den kalten Backofen schieben
Ober-/Unterhitze	200–220 °C
Heißluft	180–200 °C
Gas	Stufe 4–5
Garzeit	etwa 60 Minuten bei tiefgefrorenen Bohnen etwa 90 Minuten bei frischen Bohnen.

Gutshof Pott

400 g Kartoffeln	waschen, schälen, abspülen, in Scheiben schneiden
2 Zwiebeln	abziehen, in Scheiben schneiden
2 Stangen Lauch (Porree)	putzen, längs halbieren, waschen, in Streifen schneiden
½ Kopf Wirsing	putzen, halbieren, den Strunk herausschneiden, den Wirsing in Streifen schneiden, waschen
je ½ rote und grüne Paprikaschote	vierteln, entkernen, die weißen Scheidewände entfernen, die Schoten waschen, in Streifen schneiden
½ Rettich (etwa 250 g)	putzen, schälen, in Stifte schneiden
600 g Schweinefleisch (aus der Keule)	unter fließendem kaltem Wasser abspülen, trockentupfen, in kleine Würfel schneiden
3 EL Speiseöl	in den gewässerten Römertopf geben, darauf die Kartoffelscheiben und Paprikastreifen geben, mit
Salz	
frisch gemahlenem Pfeffer	bestreuen, die Fleischstücke darauf geben, ebenfalls mit Salz und Pfeffer bestreuen, Lauch- und Wirsingstreifen sowie Rettichstifte darauf geben, mit Salz und Pfeffer bestreuen
125 ml (⅛ l) Gemüsebrühe	hinzugießen, den Römertopf mit dem Deckel verschließen, auf dem Rost in den kalten Backofen schieben
Ober-/Unterhitze	etwa 200 °C
Heißluft	etwa 180 °C
Gas	Stufe 3–4
Garzeit	etwa 60 Minuten
3 Tomaten	kurze Zeit in kochendes Wasser legen (nicht kochen lassen), in kaltem Wasser abschrecken, enthäuten, die Stengelansätze herausschneiden, die Tomaten in Stücke schneiden, nach Beendigung der Garzeit zu den Zutaten in den Römertopf geben
	alle Zutaten miteinander vermischen, mit Salz, Pfeffer,
gerebeltem Thymian	abschmecken, 10 Minuten ziehen lassen
1 Bund glatte Petersilie	abspülen, trockentupfen, hacken
75 g Schafskäse	etwas zerbröckeln, beide Zutaten darauf geben.

Frühlingseintopf

200 g Kohlrabi	schälen, waschen, in kleine Streifen schneiden
200 g Möhren	putzen, schälen, waschen, mit dem Buntmesser in Scheiben schneiden
	von
200 g grünen Bohnen	die Enden abschneiden, die Bohnen evtl. abfädeln, waschen, in kleine Stücke schneiden oder brechen
200 g Lauch (Porree)	putzen, längs halbieren, gründlich waschen, in feine Ringe schneiden
500 g Kartoffeln	waschen, schälen, abspülen, in Würfel schneiden
200 g Blumenkohlröschen	waschen
	die sechs Zutaten in den gewässerten Römertopf geben
300 g mageres Rindfleisch	
300 g mageres Schweinefleisch	
	beide Zutaten unter fließendem kaltem Wasser abspülen, trockentupfen, in Würfel schneiden
2 EL Speiseöl	in einer Pfanne erhitzen, die Fleischwürfel darin anbraten, mit
Salz	
frisch gemahlenem Pfeffer	
Zwiebelpulver	würzen, locker unter das Gemüse heben
1 Lorbeerblatt	hinzugeben,
750 ml (3/4 l) heiße Gemüsebrühe	hinzugießen, den Römertopf mit dem Deckel verschließen, auf dem Rost in den kalten Backofen schieben
Ober-/Unterhitze	etwa 220 °C
Heißluft	etwa 200 °C
Gas	Stufe 4–5
Garzeit	etwa 70 Minuten
	den Eintopf vor dem Servieren mit
3 EL feingehackter Petersilie	bestreuen.

Westfälisches Blindhuhn

	Von
375 g grünen Bohnen	die Enden abschneiden, die Bohnen evtl. abfädeln, waschen, in Stücke schneiden oder brechen
375 g Möhren	putzen, schälen, waschen
500 g Kartoffeln	waschen, schälen, abspülen, Möhren und Kartoffeln in Würfel schneiden
250 g mageren durchwachsenen Speck	in etwa 1/2 cm dicke Scheiben schneiden die vier Zutaten abwechselnd in den gewässerten Römertopf schichten, jeweils mit
Salz *frisch gemahlenem Pfeffer* *gerebeltem Bohnenkraut*	würzen
750 ml (3/4 l) heiße Gemüsebrühe	hinzugießen, den Römertopf mit dem Deckel verschließen, auf dem Rost in den kalten Backofen schieben
Ober-/Unterhitze	200–220 °C
Heißluft	180–200 °C
Gas	Stufe 4–5
Garzeit	etwa 90 Minuten
2 Äpfel (etwa 300 g) *1 Birne (etwa 150 g)*	beide Zutaten schälen, vierteln, entkernen, in Würfel schneiden, nach etwa 60 Minuten Garzeit unterrühren, fertiggaren, mit Salz, Pfeffer,
Zucker *Obstessig*	abschmecken, mit
1 EL feingehackter Petersilie	bestreuen.

TIP

Gleichzeitig mit Äpfeln und Birne etwa 225 g weiße Bohnen (aus der Dose) unterrühren.

Paprika-Sahne-Suppe

(Foto)	
500 g Paprikaschoten (rot, gelb und grün)	halbieren, entstielen, entkernen, die weißen Scheidewände entfernen, die Schoten waschen, in Streifen schneiden
250 g Gemüsezwiebeln	abziehen, halbieren, in Scheiben schneiden
300 g Sauerkraut	lockerzupfen, kleinschneiden, die Zutaten vermengen, in den gewässerten Römertopf geben
1 l heiße Gemüsebrühe	hinzugießen, mit
Salz, Pfeffer	würzen, den Römertopf mit dem Deckel verschließen, auf dem Rost in den kalten Backofen schieben
Ober-/Unterhitze	200–220 °C
Heißluft	180–200 °C
Gas	Stufe 4–5
Garzeit	etwa 65 Minuten
1–2 EL Weißwein	
125 ml (1/8 l) Schlagsahne	hinzufügen, die Suppe mit Salz, Pfeffer,
Zucker	abschmecken, zum Schluß
1 Becher (150 g) saure Sahne	unterrühren.

Tunesischer Gemüsetopf

4 Kartoffeln	schälen, waschen, abspülen, würfeln
3 Möhren	putzen, schälen, waschen, würfeln
2 Auberginen, 2 Zucchini	beide Zutaten waschen, die Stengelansätze abschneiden, das Gemüse in Würfel schneiden
1 Zwiebel	abziehen, würfeln
1 Knoblauchknolle	in Zehen zerteilen, die Zehen abziehen
	alle Zutaten in den gewässerten Römertopf schichten
500 ml (1/2 l) heiße Gemüsebrühe	hinzugießen, den Römertopf mit dem Deckel verschließen, auf dem Rost in den kalten Backofen schieben
Ober-/Unterhitze	200–220 °C
Heißluft	180–200 °C
Gas	Stufe 4–5
Garzeit	etwa 60 Minuten

(Fortsetzung Seite 22)

1 Chilischote	halbieren, entkernen, waschen
1 Bund Petersilie	abspülen, trockentupfen
1 Zwiebel	abziehen, die drei Zutaten fein hacken
3 EL Olivenöl	in einer Pfanne erhitzen, Chili, Petersilie, Zwiebel darin dünsten, mit
1 TL Kreuzkümmel	würzen, unter das gare Gemüse rühren.

Tomatensuppe mit Gemüse

1 kg Tomaten	kurze Zeit in kochendes Wasser legen (nicht kochen lassen), in kaltem Wasser abschrecken, enthäuten, die Stengelansätze herausschneiden, die Tomaten in kleine Würfel schneiden
1 grüne Paprikaschote	halbieren, entstielen, die weißen Scheidewände entfernen, die Schote waschen, in feine Streifen schneiden
1 Zwiebel	abziehen, würfeln
1 Stück Lauch (Porree; etwa 100 g)	putzen, längs halbieren, gründlich waschen, in feine Streifen schneiden
40 g Brühreis	waschen, abtropfen lassen
750 ml (3/4 l) Gemüsebrühe	mit
2 EL Tomatenmark	
Salz, Pfeffer	
Paprikapulver edelsüß	
gerebeltem Oregano	
Zucker	verrühren
	das Gemüse in den gewässerten Römertopf geben, Reis und Gemüsebrühe dazugeben, den Römertopf mit dem Deckel verschließen, auf dem Rost in den kalten Backofen schieben
Ober-/Unterhitze	200–220 °C
Heißluft	180–200 °C
Gas	Stufe 4–5
Garzeit	etwa 45 Minuten
	die Suppe nach 25 Minuten gut durchrühren, die gare Suppe nochmals mit den Gewürzen abschmecken, mit
gehackter Petersilie	bestreuen, nach Belieben
geriebenen Käse	dazureichen.

Fischsuppe

1 Kohlrabi	schälen, waschen
1 Stange Lauch (Porree)	putzen, die Stange längs halbieren, gründlich waschen
1 Zwiebel	abziehen
	Kohlrabi und Zwiebel in Würfel, Lauch in feine Streifen schneiden, die Zutaten abwechselnd in den gewässerten Römertopf schichten
750 ml (3/4 l) heiße Gemüsebrühe	hinzugießen
50 g durchwachsenen Speck	in Würfel schneiden, dazugeben, den Römertopf mit dem Deckel verschließen, auf dem Rost in den kalten Backofen schieben
Ober-/Unterhitze	200–220 °C
Heißluft	180–200 °C
Gas	Stufe 4–5
Garzeit	etwa 45 Minuten
	inzwischen
250 g Tomaten	kurze Zeit in kochendes Wasser legen (nicht kochen lassen), in kaltem Wasser abschrecken, enthäuten, vierteln, entkernen, die Stengelansätze herausschneiden, die Tomaten in Würfel schneiden
500 g Fischfilet (verschiedene Sorten, z. B. Kabeljau, Rotbarsch oder Seelachs)	evtl. unter fließendem kaltem Wasser abspülen, trockentupfen, in etwa 4 x 4 cm große Würfel schneiden, mit
Salz	
frisch gemahlenem Pfeffer	bestreuen, etwa 30 Minuten vor Beendigung der Garzeit mit den Tomatenwürfeln zu dem Gemüse geben, die Suppe garen lassen, evtl. nochmals abschmecken.

TIP ***Nach Belieben 2 Eßlöffel kleingehackte Estragon- oder Petersilienblätter vor dem Servieren auf die Suppe streuen.***

Grüne-Bohnen-Eintopf, pikant

	Von
600 g grünen Bohnen	die Enden abschneiden, die Bohnen evtl. abfädeln, waschen, in Stücke schneiden oder brechen
1 kleine rote Paprikaschote	halbieren, entstielen, entkernen, die weißen Scheidewände entfernen, die Schote waschen, in Streifen schneiden
250 g Kartoffeln	waschen, schälen, abspülen, in Scheiben schneiden
375 g Schweinefleisch	unter fließendem kaltem Wasser abspülen, trockentupfen, in kleine Würfel schneiden
125 g Zwiebeln	abziehen, halbieren, in Scheiben schneiden
1 Knoblauchzehe	abziehen, würfeln
50 g durchwachsenen Speck	in Würfel schneiden, alle Zutaten miteinander vermengen, mit
Salz *frisch gemahlenem Pfeffer* *gerebeltem Bohnenkraut*	würzen, in den gewässerten Römertopf geben
500 ml (1/2 l) heiße Gemüsebrühe	hinzugießen, den Römertopf mit dem Deckel verschließen, auf dem Rost in den kalten Backofen schieben
Ober-/Unterhitze	200–220 °C
Heißluft	180–200 °C
Gas	Stufe 4–5
Garzeit	etwa 70 Minuten
	inzwischen
500 g Tomaten	kurze Zeit in kochendes Wasser legen (nicht kochen lassen), in kaltem Wasser abschrecken, enthäuten, die Stengelansätze herausschneiden, die Tomaten in Würfel schneiden, etwa 10 Minuten vor Ende der Garzeit unter den Eintopf heben.

TIP

Zur Abwechslung anstatt des Schweinefleisches dieselbe Menge Lamm- oder Hammelfleisch nehmen. Dazu paßt Weißbrot und Tomatensalat.

Cassoulet

250 g weiße Bohnen	über Nacht in
Wasser	einweichen
100 g Speckscheiben	in den gewässerten Römertopf legen
500 g Lamm- oder Schweinefleisch	
4 Hähnchenschenkel (je etwa 150 g)	
	beide Zutaten unter fließendem kaltem Wasser abspülen, trockentupfen, das Lamm- oder Schweinefleisch in Würfel schneiden
2 Möhren	putzen, schälen, waschen, in Scheiben schneiden
4 Tomaten	waschen, die Stengelansätze herausschneiden, die Tomaten in Scheiben schneiden
2 Zwiebeln	abziehen, würfeln
2 Knoblauchzehen	abziehen, durch die Knoblauchpresse drücken
	alle Zutaten miteinander vermischen, in den Römertopf geben
je 2 Zweige Majoran, Thymian, Rosmarin	
2 Petersilienstengel	
1 Stange Lauch	
	die Kräuter und den Lauch abspülen, mit
1 Lorbeerblatt	zu einem Strauß zusammenbinden, auf Gemüse und Fleisch legen
100 ml Weißwein	
250 ml (1/4 l) heiße Gemüsebrühe	hinzugießen
	den Römertopf mit dem Deckel verschließen, auf dem Rost in den kalten Backofen schieben
Ober-/Unterhitze	etwa 200 °C
Heißluft	etwa 180 °C
Gas	Stufe 3–4
Garzeit	etwa 2 Stunden
	nach Beendigung der Garzeit das Kräutersträußchen entfernen, das Cassoulet mit
2 EL Semmelbröseln	bestreuen
20 g Butter	in Flöckchen darauf setzen, kurz nochmals bei gleicher Temperatur im Ofen überbacken.

Süß-saurer Linsentopf mit Kasseler

250 g Linsen	abspülen
1 Zwiebel	abziehen, fein würfeln
1 Apfel	schälen, vierteln, entkernen, in feine Scheiben schneiden, die drei Zutaten in den gewässerten Römertopf geben
Salz	
frisch gemahlenen Pfeffer	
1 EL Zucker	
gerebelten Majoran	
gerebelten Thymian	hinzufügen
500 ml (1/2 l)	
heiße Gemüsebrühe	hinzugießen
400 g Kasseler	
(Kotelettstück ohne Knochen)	unter fließendem kaltem Wasser abspülen, trockentupfen
4 Kartoffeln	waschen, schälen, abspülen, die Kartoffeln halbieren, beide Zutaten hinzufügen, den Römertopf mit dem Deckel verschließen, auf dem Rost in den kalten Backofen schieben
Ober-/Unterhitze	etwa 220 °C
Heißluft	etwa 200 °C
Gas	Stufe 4–5
Garzeit	etwa 90 Minuten
	das gare Fleisch herausnehmen, in Scheiben schneiden, die Linsen mit Salz, Pfeffer, Majoran, Thymian,
Weißweinessig	abschmecken, das Gericht mit
frischer Petersilie	garnieren.

TIP

Anstatt Kasseler 4 Paar in Stücke geschnittene Brühwürste nehmen.

In Zeiten, in denen die fleischarme Kochkunst zum ernährungsbewußten Trend gehört, kommt der gute alte Römertopf wieder zu Ehren. Es gibt unzählige Gemüsegerichte, die sich im Römertopf zubereiten lassen. Doch egal für welches Rezept man sich entscheidet, das Ergebnis ist stets gleich überzeugend: Die Speisen haben weder an Farbe noch an Biß, noch an Vitaminen und Vitalstoffen verloren. Und weil das Ganze obendrein auch noch ohne Fett funktioniert, freut sich nicht nur der Gaumen über den knackigen Gemüsegenuß, sondern auch die Taille. Ein Erfolg auf der schlanken Linie!

Buntes Bohnengemüse

(Foto Seite 28/29)

	Von
600 g grünen Bohnen	die Enden abschneiden, die Bohnen evtl. abfädeln, waschen, in Stücke schneiden oder brechen
250 g Zwiebeln	abziehen, halbieren, in Scheiben schneiden
250 g Möhren	putzen, schälen, waschen, in Scheiben oder Stifte schneiden
250 g Rindfleisch	unter fließendem kaltem Wasser abspülen, trockentupfen, in 1 1/2 cm große Würfel schneiden die vier Zutaten vermengen, in den gewässerten Römertopf geben, mit
Salz *frisch gemahlenem Pfeffer*	bestreuen
125 ml (1/8 l) heiße Gemüsebrühe	dazugeben, den Römertopf mit dem Deckel verschließen, auf dem Rost in den kalten Backofen schieben
Ober-/Unterhitze	etwa 200 °C
Heißluft	etwa 180 °C
Gas	Stufe 3–4
Garzeit	etwa 80–90 Minuten
350 g Tomaten	kurze Zeit in kochendes Wasser legen (nicht kochen lassen), in kaltem Wasser abschrecken, enthäuten, die Stengelansätze entfernen, die Tomaten in Stücke schneiden, nach etwa 60 Minuten Garzeit die Tomaten dazugeben, umrühren, mit Salz, Pfeffer,
gerebeltem Bohnenkraut	abschmecken, noch 20–30 Minuten weitergaren, umrühren, nochmals abschmecken.

TIP

Das Rindfleisch durch Lammfleisch aus der Keule oder, wenn Sie es fleischlos vorziehen, durch 250 g in Scheiben geschnittene Zucchini ersetzen.

Sommergemüse

1 Gemüsezwiebel (etwa 250 g)	abziehen, halbieren, in Scheiben schneiden
1 Aubergine (etwa 250 g)	waschen, den Stengelansatz abschneiden, Aubergine halbieren, in Scheiben schneiden
3 Zucchini (etwa 350 g)	waschen, die Enden abschneiden, Zucchini evtl. längs halbieren, in Scheiben schneiden
je 1 rote, grüne und gelbe Paprikaschote (etwa 600 g)	halbieren, entstielen, entkernen, die weißen Scheidewände entfernen, die Schoten waschen, in Streifen schneiden
2 Knoblauchzehen	abziehen, durch die Knoblauchpresse geben die fünf Zutaten vermischen, mit
Salz frisch gemahlenem Pfeffer gerebeltem Oregano	kräftig würzen, mit
4 EL Olivenöl	vermengen, in den gewässerten Römertopf geben, den Topf mit dem Deckel verschließen, auf dem Rost in den kalten Backofen schieben
Ober-/Unterhitze	etwa 200 °C
Heißluft	etwa 180 °C
Gas	Stufe 3–4
Garzeit	50–60 Minuten den Römertopf herausnehmen
2 Fleischtomaten	kurze Zeit in kochendes Wasser legen (nicht kochen lassen), in kaltem Wasser abschrecken, enthäuten, vierteln, entkernen, die Stengelansätze herausschneiden, die Tomaten in Stücke schneiden, mit dem Gemüse vermischen, etwa 10 Minuten mit geschlossenem Deckel ziehen lassen, nach Belieben
100 g Schafskäse	in Würfel schneiden, mit
1 Bund gehackter glatter Petersilie	auf das Gericht streuen.

TIP

Das Sommergemüse mit Reis, Hirse oder Polenta servieren.

Kichererbsencurry mit Mango

200 g Kichererbsen	über Nacht in Wasser einweichen
30 g Ingwer	schälen, in kleine Würfel schneiden
350 g Sellerieknolle	schälen, waschen, in Würfel schneiden
2 Bund Frühlingszwiebeln	putzen, waschen, in 3 cm lange Stücke schneiden, die drei Zutaten mit den abgetropften Kichererbsen,
1 EL Currypulver	
500 ml (½ l) heißer Gemüsebrühe	vermengen, in den gewässerten Römertopf geben mit dem Deckel verschließen, auf dem Rost in den kalten Backofen schieben
Ober-/Unterhitze	etwa 220 °C
Heißluft	etwa 200 °C
Gas	Stufe 4–5
Garzeit	etwa 50 Minuten
	anschließend
150 g Joghurt	unterrühren, das Gericht mit
1 TL gemahlenem Kreuzkümmel	
½ TL gemahlenem Zimt	
etwas gemahlenem Koriander	
Salz	
frisch gemahlenem Pfeffer	abschmecken
1 reife Mango	schälen, das Fruchtfleisch vom Kern lösen, in Stücke schneiden, unterheben den Römertopf schließen, noch etwa 10 Minuten in den ausgeschalteten, noch warmen Backofen stellen, mit
Kerbelblättchen	
30 g geröstetem Sesam	bestreuen.

TIP

Anstatt der Mango können Sie für das Curry auch etwa 250 g Aprikosen oder Pfirsiche verwenden.

***Pußtagemüse** mit Bratwurstspießen*

375 g Zwiebeln	abziehen, halbieren, in Scheiben schneiden
375 g grüne Paprikaschoten	halbieren, entstielen, entkernen, die weißen Scheidewände entfernen, die Schoten waschen, in Streifen schneiden
375 g Tomaten	kurze Zeit in kochendes Wasser legen (nicht kochen lassen), in kaltem Wasser abschrecken, enthäuten, die Stengelansätze herausschneiden, die Tomaten in Scheiben schneiden
	das Gemüse mischen, mit
Salz *frisch gemahlenem Pfeffer* *Paprikapulver edelsüß*	würzen
2 EL Speiseöl	unterrühren, das Gemüse in den gewässerten Römertopf geben
4 vorgebrühte Bratwürste *4 Scheiben durchwachsener Speck (etwa ½ cm dick)*	beide Zutaten in etwa 3 cm lange Stücke bzw. Scheiben schneiden
2–3 Gewürzgurken	in etwa ½ cm dicke Scheiben schneiden
3 Tomaten	waschen, vierteln, entkernen, die Stengelansätze entfernen
	die 4 Zutaten abwechselnd auf Spieße (5–6 Stück) stecken, auf das Gemüse legen
1 EL Speiseöl	mit Paprikapulver edelsüß verrühren, die Bratwurstspieße damit bestreichen, den Römertopf mit dem Deckel verschließen, auf dem Rost in den kalten Backofen schieben
Ober-/Unterhitze	200–220 °C
Heißluft	180–200 °C
Gas	Stufe 4–5
Garzeit	etwa 75 Minuten
	die Spieße herausnehmen, Gemüse mit Paprikapulver scharf abschmecken, mit den Spießen servieren.

Würziger Zucchini-Hackfleisch-Topf

500 g Kartoffeln	waschen, in Wasser zum Kochen bringen, in 20–25 Minuten gar kochen, abgießen, abdämpfen, etwas erkalten lassen, pellen
1 Zwiebel	abziehen, fein würfeln, mit 40 g von
1 Becher (125 g) Kräuter-Crème-fraîche	
400 g Rindergehacktem	vermischen
1 Ei	
Salz	
frisch gemahlenen Pfeffer	
1 TL Senf	
Paprikapulver edelsüß	
2 EL Semmelbrösel	untermengen, kleine Klöße daraus formen
500 g Zucchini	waschen, abtrocknen, die Enden abschneiden, Zucchini evtl. halbieren, in Scheiben schneiden Kartoffeln evtl. halbieren, in Scheiben schneiden
4 mittelgroße Tomaten	kurze Zeit in kochendes Wasser legen (nicht kochen lassen), in kaltem Wasser abschrecken, enthäuten, vierteln, die Stengelansätze herausschneiden, die Tomaten entkernen, in Stücke schneiden, das Gemüse miteinander vermischen, mit Salz, Pfeffer,
gerebeltem Oregano	
gerebeltem Basilikum	würzen
2 Knoblauchzehen	abziehen, durch eine Knoblauchpresse zu dem Gemüse geben, das Gemüse abwechselnd mit den Hackfleischklößchen in den Römertopf schichten, den Rest der Kräuter-Crème-fraîche darauf geben, alles mit
1–2 EL Semmelbröseln	bestreuen
30 g Butter	in Flöckchen darauf setzen, den Römertopf mit dem Deckel verschließen, auf dem Rost in den kalten Backofen schieben
Ober-/Unterhitze	etwa 200 °C
Heißluft	etwa 180 °C
Gas	Stufe 3–4
Garzeit	etwa 45 Minuten.

Kohlrabitopf

Etwa 1 kg Kohlrabi	putzen, schälen, waschen, in Stifte schneiden
40 g Butter	zerlassen, die Kohlrabistifte darin andünsten
125 ml (1/8 l) heiße Gemüsebrühe	hinzufügen, zum Kochen bringen, in 15–20 Minuten gar kochen, die Kohlrabi abtropfen lassen, das Kochwasser auffangen
125 ml (1/8 l) Milch	dazugeben.
	Für die Sauce
1 kleine Zwiebel	abziehen, würfeln
30 g Butter oder Margarine	zerlassen, die Zwiebelwürfel,
25 g Weizenmehl	unter Rühren so lange darin erhitzen, bis die Zwiebel hellgelb ist, das Kochwasser mit der Milch hinzugießen, mit einem Schneebesen durchschlagen, darauf achten, daß keine Klümpchen entstehen, die Sauce zum Kochen bringen, etwa 5 Minuten kochen lassen
375 g Gehacktes (halb Rind-, halb Schweinefleisch)	mit
1 Ei	vermengen, mit
Salz *frisch gemahlenem Pfeffer* *geriebener Muskatnuß*	abschmecken, mit der Sauce vermengen
	Kohlrabi und Hackfleisch abwechselnd in den gewässerten Römertopf geben, mit
40 g geriebenem Gouda	bestreuen, mit
30 g Butter	in Flöckchen belegen
	den Römertopf mit dem Deckel verschließen, auf dem Rost in den kalten Backofen schieben
Ober-/Unterhitze	200–220 °C
Heißluft	180–200 °C
Gas	Stufe 4–5
Garzeit	45–55 Minuten.

Paprikatopf

800 g Paprikaschoten	halbieren, entstielen, entkernen, die weißen Scheidewände entfernen, die Schoten waschen, in Streifen schneiden
3 Zwiebeln	abziehen, würfeln
125 ml (1/8 l) Wasser	mit
2 EL Tomatenmark	verrühren, mit
Salz	
frisch gemahlenem Pfeffer	
Zucker	
gerebeltem Oregano	würzen
250–350 g Fleischwurst	enthäuten, längs halbieren, in Scheiben schneiden, Paprika, Zwiebeln, Fleischwurst abwechselnd in den gewässerten Römertopf schichten, die Tomatensauce darüber verteilen, den Römertopf mit dem Deckel verschließen, auf dem Rost in den kalten Backofen schieben
Ober-/Unterhitze	200–220 °C
Heißluft	180–200 °C
Gas	Stufe 4–5
Garzeit	etwa 50 Minuten.

Zwiebel-Lauch-Sauerkraut-Gemüse

500 g Zwiebeln	abziehen
500 g Lauch (Porree)	putzen, die Stangen längs halbieren, waschen, beide Zutaten in Scheiben schneiden, mit
500 g Sauerkraut	
4 EL Speiseöl	vermengen, in den gewässerten Römertopf geben
125 ml (1/8 l) heiße Gemüsebrühe	hinzugießen, den Römertopf mit dem Deckel verschließen, auf dem Rost in den kalten Backofen schieben
Ober-/Unterhitze	200–220 °C
Heißluft	180–200 °C
Gas	Stufe 4–5
Garzeit	etwa 90 Minuten
4 EL Schlagsahne	unter das gare Gemüse rühren, nach Belieben
1 Peperoni (aus dem Glas)	sehr klein schneiden, zu dem Gemüse geben.

Broccoli in Sahnesauce

	Von
750 g Broccoli	die Blätter entfernen, den Broccoli waschen, in Röschen teilen, in
kochendes Salzwasser	geben, zum Kochen bringen, 10 Minuten kochen, abtropfen lassen
3 Eier	mit
250 ml (1/4 l) Schlagsahne	
Salz	
frisch gemahlenem Pfeffer	verschlagen, das Broccoligemüse in den gewässerten Römertopf geben, die Sauce darüber verteilen, den Römertopf mit dem Deckel verschließen, auf dem Rost in den kalten Backofen schieben
Ober-/Unterhitze	200–220 °C
Heißluft	180–200 °C
Gas	Stufe 4–5
Garzeit	etwa 40 Minuten
	etwa 10 Minuten vor Ende der Garzeit
3 hartgekochte Eier	pellen, in Würfel schneiden
125 g gekochten Schinken	in Würfel schneiden, beide Zutaten unter den Broccoli rühren, evtl. nochmals abschmecken.

Delikater Chinakohl

800 g Chinakohl	putzen, vierteln, den Strunk herausschneiden, den Chinakohl waschen, in 3 cm breite Streifen schneiden
2 Zwiebeln	abziehen, in Würfel schneiden
125 g durchwachsenen Speck	in Würfel schneiden, auslassen, die Zwiebeln darin hellgelb dünsten lassen, mit dem Chinakohl in den gewässerten Römertopf geben, mit
Salz	bestreuen
125 ml (1/8 l) heiße Gemüsebrühe	hinzugießen
	den Römertopf mit dem Deckel verschließen, auf dem Rost in den kalten Backofen schieben
Ober-/Unterhitze	200–220 °C
Heißluft	180–200 °C
Gas	Stufe 4–5
Garzeit	etwa 45 Minuten

(Fortsetzung Seite 40)

	inzwischen
200 g gekochten Schinken in Scheiben	in etwa 2 cm breite Streifen schneiden, mit
1 Becher (150 g) Crème fraîche	vermengen, mit Salz und Pfeffer abschmecken, kurz vor Ende der Garzeit unter den Chinakohl rühren.

Ratatouille

300 g Gemüsezwiebeln	abziehen, in Scheiben schneiden
600 g Auberginen	waschen, die Stengelansätze abschneiden, die Aubergine längs halbieren, in 2 cm dicke Scheiben schneiden
600 g kleine Zucchini	waschen, abtrocknen, die Enden abschneiden, die Zucchini in Scheiben schneiden
600 g Eiertomaten	kurze Zeit in kochendes Wasser legen (nicht kochen lassen), in kaltem Wasser abschrecken, enthäuten, die Stengelansätze herausschneiden, die Tomaten entkernen, in Stücke schneiden
je 1 grüne und rote Paprikaschote	halbieren, entstielen, entkernen, die weißen Scheidewände entfernen, die Schoten waschen, in mundgerechte Stücke schneiden
2 Knoblauchzehen	abziehen, sehr fein würfeln, das Gemüse mit
100 g schwarzen Oliven	vermengen, in den gewässerten Römertopf (Cherokee) geben, mit
Salz	
frisch gemahlenem Pfeffer	
Kräutern der Provence	bestreuen, den Topf mit dem Deckel verschließen, auf dem Rost in den kalten Backofen schieben
Ober-/Unterhitze	etwa 200 °C
Heißluft	etwa 180 °C
Gas	Stufe 3–4
Garzeit	etwa 50 Minuten
50 g Pinienkerne	in einer Pfanne ohne Fett hellbraun rösten, über das Ratatouille geben, servieren.

Weißkohlgemüse mit Speck

750 g Weißkohl (vorbereitet gewogen)	putzen, vierteln, den Strunk herausschneiden, den Kohl waschen, in etwa 1 cm breite Streifen schneiden, in
kochendes Salzwasser	geben, kurz aufkochen, abtropfen lassen, den gewässerten Römertopf mit 2/3 von
200 g in dünne Scheiben geschnittenem, magerem geräuchertem Speck	auslegen
2–3 Zwiebeln	abziehen, in Scheiben schneiden
	Kohl und Zwiebeln abwechselnd in den Römertopf schichten, jede Schicht mit
Salz, Pfeffer	
Kümmel	bestreuen
gut 125 ml (1/8 l) heißes Wasser	hinzugießen, den Kohl mit den restlichen Speckscheiben belegen, mit dem Deckel verschließen, auf dem Rost in den kalten Backofen schieben
Ober-/Unterhitze	200–220 °C
Heißluft	180–200 °C
Gas	Stufe 4–5
Garzeit	etwa 70 Minuten
	den garen Kohl mit Salz und Pfeffer abschmecken, evtl. noch etwas Wasser hinzugießen.

Grünkohl mit Rauchenden

1 kg Grünkohl (vorbereitet gewogen)	vom Grünkohl die welken Blätter und die Rippen entfernen, den Grünkohl gründlich waschen, in
kochendes Wasser	geben, kurz aufkochen, abtropfen lassen, den Grünkohl hacken
2 Zwiebeln	abziehen, würfeln, mit dem Kohl abwechselnd in den gewässerten Römertopf schichten, jede Schicht mit
Salz	bestreuen, zunächst 250 ml (1/4 l) von
375 ml (3/8 l) heißem Wasser	hinzugießen, den Römertopf mit dem Deckel verschließen, auf dem Rost in den kalten Backofen schieben

Ober-/Unterhitze	200–220 °C
Heißluft	180–200 °C
Gas	Stufe 4–5
Garzeit	2–2¼ Stunden
	nach 1 Stunde Garzeit
250 g Bauchspeck	
4 Rauchenden	auf den Kohl legen, mit etwas Kohl bedecken, nach Bedarf noch etwas Wasser hinzufügen, garen lassen den garen Kohl mit Salz,
frisch gemahlenem Pfeffer	abschmecken.

TIP ***Anstatt Bauchspeck und Rauchenden 400 g Kasseler Nacken nehmen. Etwa 30 g Schweineschmalz unter den gehackten Grünkohl rühren.***

Chicorée im Schinkenmantel

500 g Chicorée	von den schlechten Blättern befreien, den Strunk keilförmig (etwa 2 cm tief) herausschneiden, den Chicorée waschen
250 ml (¼ l) Schlagsahne	mit
30 g Weizenmehl	verrühren
50 g geriebenen Gouda	hinzufügen, mit
Salz	
geriebener Muskatnuß	abschmecken den Chicorée in 4 Portionen teilen, in
4 Scheiben	
gekochten Schinken	einrollen, in den gewässerten Römertopf legen, die Sauce darübergießen, den Römertopf mit dem Deckel verschließen, auf dem Rost in den kalten Backofen schieben
Ober-/Unterhitze	200–220 °C
Heißluft	180–200 °C
Gas	Stufe 4–5
Garzeit	etwa 45 Minuten.

Rosmarinkartoffeln mit Schmandsauce

800 g kleine, mehlig-kochende Kartoffeln	unter fließendem kaltem Wasser gründlich abbürsten, kreuzweise einschneiden
1 Topf Rosmarin	abspülen, die Nadeln und die kleinen Spitzen abschneiden, mit den Kartoffeln in den gewässerten Kartoffelröster geben
	den Topf auf dem Rost in den kalten Backofen schieben
Ober-/Unterhitze	etwa 200 °C
Heißluft	etwa 180 °C
Gas	Stufe 3–4
Garzeit	50–60 Minuten.
	Für die Schmandsauce
1 Becher (250 g) Schmand	mit
1 TL körnigem Senf	
3–4 EL Schlagsahne	
Salz	
frisch gemahlenem Pfeffer	verrühren
2 EL gehackte Kräuter, z. B. Petersilie, Schnittlauch	unterrühren, zu den Kartoffeln servieren.

Gerösteter Knoblauch

1 Knoblauchknolle	von der dünnen Außenhaut befreien, die Spitzen der Zehen abschneiden, das „Wurzelende" der Knolle gerade schneiden, mit dem Wurzelende nach unten auf das Unterteil des Knoblauchrösters stellen, mit
4 Tropfen Olivenöl	beträufeln, mit
Salz	
frisch gemahlenem Pfeffer	
½ TL Oreganoblättchen	bestreuen, den Deckel darauf stellen, den Knoblauchröster auf dem Rost in den kalten Backofen schieben
Ober-/Unterhitze	etwa 200 °C
Heißluft	etwa 180 °C
Gas	Stufe 3–4
Garzeit	etwa 30 Minuten
	herausnehmen, die Zehen aus der Knolle drücken.
Beilage	Frisches, ofenwarmes Brot.

Fenchel in Tomatensauce

	Von
4 Fenchelknollen (etwa 800 g)	die Stiele dicht oberhalb der Knollen abschneiden, braune Stellen und Blätter entfernen, die Wurzelenden gerade schneiden, die Knollen waschen, halbieren, in
kochendes Salzwasser	geben, zum Kochen bringen, etwa 10 Minuten kochen lassen, herausnehmen, schuppenförmig in den gewässerten Römertopf legen
1 Zwiebel	abziehen, würfeln
500 g Tomaten	kurze Zeit in kochendes Wasser legen (nicht kochen lassen), in kaltem Wasser abschrecken, enthäuten, die Stengelansätze herausschneiden, die Tomaten in Scheiben schneiden
30 g Butter	zerlassen, die Zwiebelwürfel darin andünsten, die Tomatenscheiben dazugeben, mitdünsten
125 ml (1/8 l) Wasser	
gerebelten Thymian	
gerebeltes Basilikum	
1 Lorbeerblatt	hinzufügen, etwa 10 Minuten dünsten, mit
Salz, Pfeffer	abschmecken, über die Fenchelknollen geben, mit
30 g geriebenem Emmentaler	bestreuen, den Römertopf mit dem Deckel verschließen, auf dem Rost in den kalten Backofen schieben
Ober-/Unterhitze	200–220 °C
Heißluft	180–200 °C
Gas	Stufe 4–5
Garzeit	etwa 50 Minuten.

Linsen mit Backpflaumen

375 g Linsen	abspülen
250 g Backpflaumen	2–3 Stunden in
500 ml (1/2 l) kaltem Wasser	einweichen, die Linsen mit
750 ml (3/4 l) heißer Gemüsebrühe	
150 g gewürfeltem Suppengemüse	in den gewässerten Römertopf geben, mit dem Deckel verschließen, auf dem Rost in den kalten Backofen schieben

Ober-/Unterhitze	200–220 °C
Heißluft	180–200 °C
Gas	Stufe 4–5
Garzeit	etwa 90–100 Minuten
	nach etwa 60 Minuten Garzeit die Backpflaumen und nach Belieben
4 Rauchenden	zu den Linsen geben, mit
Salz	
frisch gemahlenem Pfeffer	würzen, den Römertopf wieder mit dem Deckel verschließen, wieder in den Backofen stellen, fertiggaren, mit Salz, Pfeffer,
Weinessig	abschmecken.
Beilage	Spätzle.

Schneidebohnen *mit roten Bohnen*

100 g rote Bohnen	über Nacht in kaltem Wasser einweichen, abtropfen lassen
500 g Kartoffeln	waschen, schälen, abspülen, in kleine Würfel schneiden
500 g Schneide- oder Faßbohnen	etwas wässern, abtropfen lassen
	die drei Zutaten in den gewässerten Römertopf schichten, mit
frisch gemahlenem Pfeffer	bestreuen
500 g dünne Schweinerippe	unter fließendem kaltem Wasser abspülen, trockentupfen, in Stücke schneiden, auf das Gemüse legen
500 ml (½ l) heiße Gemüsebrühe	hinzugießen, den Römertopf mit dem Deckel verschließen, auf dem Rost in den kalten Backofen schieben
Ober-/Unterhitze	200–220 °C
Heißluft	180–200 °C
Gas	Stufe 4–5
Garzeit	etwa 80 Minuten
	das gare Fleisch von den Knochen lösen, in kleine Würfel schneiden, wieder in den Topf geben, mit Pfeffer,
Salz, Essig	
gerebeltem Bohnenkraut	abschmecken.

Es ist sicherlich nicht sehr nett, jemanden im eigenen Saft schmoren zu lassen. Geht es aber um ein Stück Fleisch, dann kann eigentlich nur ein Beweggrund dahinterstecken: purer Genuß! Fleisch im Römertopf zuzubereiten ist die Kunst, eine Selbstverständlichkeit zur kulinarischen Kreation zu machen: Nichts ist so einfach – weder in der Vorbereitung noch in der Erfolgsgarantie. Selbst eingefleischte Skeptiker mußten schon zugeben, daß der fertige Braten aus dem Tontopf über wunderbar festes, aber keineswegs trockenes Fleisch verfügt und seine Kruste ist – im wahrsten Sinne des Wortes – schlichtweg zum Anbeißen.

Kräuter-Roastbeef

(Foto Seite 48/49)

800 g Roastbeef	unter fließendem kaltem Wasser abspülen, trockentupfen
2 EL Speiseöl	in den gewässerten Römertopf geben das Roastbeef mit
Salz	
frisch gemahlenem Pfeffer	bestreuen, in den Topf legen
2 Knoblauchzehen	abziehen, durch die Knoblauchpresse drücken, mit Salz und Pfeffer verrühren
1 Brötchen	in feine Würfel schneiden, mit dem Knoblauch vermengen
1 Ei	
1 TL Senf	
1 EL gehackte glatte Petersilie	
1 TL gehackte Thymianblättchen	
1 TL gehackte Basilikumblättchen	
2 EL Speiseöl	unterrühren die Masse auf dem Roastbeef verteilen
100 ml Fleischbrühe	hinzugießen, den Römertopf mit dem Deckel verschließen, auf dem Rost in den kalten Backofen schieben
Ober-/Unterhitze	etwa 200 °C
Heißluft	etwa 180 °C
Gas	Stufe 3–4
Garzeit	60–70 Minuten nach dem Garen 10 Minuten ruhen lassen, damit sich der Fleischsaft setzt, anschließend in Scheiben schneiden.

TIP

Das Kräuter-Roastbeef mit Kroketten oder Pellkartoffeln servieren.
Dazu paßt ein kühles Bier.

Ungarisches Gulasch

250 g Rindfleisch	
250 g Schweinefleisch	unter fließendem kaltem Wasser abspülen, trockentupfen, in Würfel schneiden
500 g Zwiebeln	abziehen, in Scheiben schneiden
2 grüne Paprikaschoten	halbieren, entstielen, entkernen, die weißen Scheidewände entfernen, die Schoten waschen, in Streifen schneiden
50 g Margarine oder Schweineschmalz	zerlassen, das Fleisch darin anbraten, mit
Salz	
frisch gemahlenem Pfeffer	würzen, Zwiebeln, Paprikaschoten,
1 EL Tomatenmark	
1 EL Paprikapulver edelsüß	hinzufügen, die Zutaten vermengen
500 ml (1/2 l) heiße Fleischbrühe	hinzugießen, alles in den gewässerten Römertopf umfüllen, mit dem Deckel verschließen, auf dem Rost in den kalten Backofen schieben
Ober-/Unterhitze	200–220 °C
Heißluft	180–200 °C
Gas	Stufe 4–5
Garzeit	etwa 80 Minuten
2 TL Speisestärke	mit
1 Becher (150 g) saurer Sahne	anrühren, etwa 15 Minuten vor Beendigung der Garzeit unter das Gulasch rühren
Kümmel	
abgeriebene Schale von 1/2 Zitrone (unbehandelt)	hinzufügen
	das gare Gulasch mit Salz, Pfeffer,
Paprikapulver rosenscharf	
Tabascosauce	abschmecken.

TIP ***300 g Zwiebeln und die Paprikaschoten durch 500 g Sauerkraut ersetzen. Dieses etwa 20 Minuten vor Ende der Garzeit unterrühren. Das Gulasch mit Reis, Nudeln oder Kartoffelpüree servieren.***

Schlesischer Schwärtelbraten

(Foto)	
1 Bund Suppengemüse	putzen, waschen, kleinschneiden, die Hälfte in den gewässerten Römertopf geben
4 EL Wasser	hinzufügen
1½ kg Schweinekeule mit Schwarte	unter fließendem kaltem Wasser abspülen, trockentupfen, die Schwarte so einschneiden, daß Quadrate entstehen, das Fleisch mit
Salz, Pfeffer	einreiben, auf das Suppengrün geben, das restliche Suppengrün um das Fleisch verteilen, mit
1 TL Kümmel	bestreuen, den Römertopf mit dem Deckel verschließen, auf dem Rost in den kalten Backofen schieben
Ober-/Unterhitze	200–220 °C
Heißluft	180–200 °C
Gas	Stufe 4–5
Garzeit	etwa 100 Minuten 15 Minuten vor Beendigung der Garzeit den Deckel abnehmen, damit das Fleisch noch mehr bräunt, den garen Braten in Scheiben schneiden, auf einer vorgewärmten Platte anrichten, warm stellen, den Bratensatz mit dem Suppengrün durch ein Sieb streichen, so viel
Wasser	hinzugießen, daß eine sämige Sauce entsteht, mit Salz und Pfeffer abschmecken.

Hackbraten mit Möhren

1 Zwiebel	abziehen, würfeln
2–3 Möhren (etwa 300 g)	putzen, schälen, waschen, in Würfel schneiden
600 g Gehacktes (halb Rind-, halb Schweinefleisch)	mit den Zwiebel- und Möhrenwürfeln,
2 Eiern	
75 g Speisequark	
60 g Semmelbröseln	gut vermischen, mit
Salz, Pfeffer	
mittelscharfem Senf	
gerebeltem Majoran	würzen

(Fortsetzung Seite 54)

2 EL gehackte Petersilie	unterrühren, den Fleischteig zu einem Kloß formen, in den gewässerten Römertopf legen, den Topf mit dem Deckel verschließen, auf dem Rost in den kalten Backofen schieben
Ober-/Unterhitze	200–220 °C
Heißluft	180–200 °C
Gas	Stufe 4–5
Garzeit	etwa 70 Minuten
	etwa 15 Minuten vor Beendigung der Garzeit den Deckel abnehmen.

Lammcurry mit Gemüse

750 g Lammfleisch aus der Keule (ohne Knochen)	unter fließendem kaltem Wasser abspülen, trockentupfen, in 2 x 2 cm große Würfel schneiden
150 g Joghurt	mit
2 EL Currypulver	
½ TL gemahlenem Ingwer	
frisch gemahlenem Pfeffer	verrühren
1 EL Zitronensaft	
125 ml (¼ l) Rotwein	unterrühren, die Fleischwürfel untermischen, über Nacht ziehen lassen
3 mittelgroße Zwiebeln	
2 Knoblauchzehen	beide Zutaten abziehen, in kleine Würfel schneiden
3 Möhren (etwa 200 g)	putzen, schälen, waschen, in kleine Würfel schneiden
400 g Kartoffeln	waschen, schälen, abspülen, in große Würfel schneiden
	Lammfleisch, Zwiebel-, Knoblauch-, Möhren- und Kartoffelwürfel mit der Marinade in den gewässerten Römertopf geben
30 g Semmelbrösel	auf das Gericht streuen
20 g Butter	in Flöckchen darauf setzen, den Römertopf mit dem Deckel verschließen, auf dem Rost in den kalten Backofen schieben

Ober-/Unterhitze	200–220 °C
Heißluft	180–200 °C
Gas	Stufe 4–5
Garzeit	etwa 100 Minuten.

Reisfleisch

500 g Schweinefleisch (ohne Knochen)	unter fließendem kaltem Wasser abspülen, trockentupfen, in 1 x 1 cm große Würfel schneiden
100 g durchwachsenen Speck	in Würfel schneiden
2 EL Speiseöl	erhitzen, den Speck darin auslassen, die Fleischwürfel hinzufügen, darin von allen Seiten gut anbraten
2 Zwiebeln	abziehen, würfeln, hinzufügen, mit
Salz, Pfeffer	
Cayennepfeffer	
Paprikapulver edelsüß	würzen, alle Zutaten in den gewässerten Römertopf geben
175 g Brühreis	über das Fleisch geben
500 ml (1/2 l) heiße Gemüsebrühe	
2 EL Tomatenmark	hinzufügen, den Römertopf mit dem Deckel verschließen, auf dem Rost in den kalten Backofen schieben
Ober-/Unterhitze	200–220 °C
Heißluft	180–200 °C
Gas	Stufe 4–5
Garzeit	60–70 Minuten
	15 Minuten vor Beendigung der Garzeit
500 g Tomaten	kurze Zeit in kochendes Wasser legen (nicht kochen lassen), in kaltem Wasser abschrecken, enthäuten, vierteln, die Stengelansätze herausschneiden, die Tomaten in Würfel schneiden, mit
4 EL saurer Sahne oder Crème fraîche	unter das Reisfleisch rühren, fertiggaren lassen, nochmals mit Salz, Pfeffer, Paprika abschmecken, mit
gehackter Petersilie	bestreuen.

Rindfleisch in Rotwein

(Foto)	
1 kg Rindfleisch aus der Keule	unter fließendem kaltem Wasser abspülen, trockentupfen, in Würfel schneiden
6 kleine Perlzwiebeln	abziehen
4o g Butter	zerlassen, das Fleisch darin anbraten, die Zwiebeln,
1 abgezogene Knoblauchzehe	
1 Lorbeerblatt	
Salz, Pfeffer	
gerebelten Thymian	hinzufügen, mitdünsten lassen
25o ml (1/4 l) Rotwein	
25o ml (1/4 l) heiße Fleischbrühe	hinzugießen, durchrühren, alles in den gewässerten Römertopf umfüllen, mit dem Deckel verschließen, auf dem Rost in den kalten Backofen schieben
Ober-/Unterhitze	2oo–22o °C
Heißluft	18o–2oo °C
Gas	Stufe 4–5
Garzeit	etwa 2 Stunden
	das Fleisch umrühren, nochmals abschmecken, mit
Kresse	garnieren.

Kasseler Rippenspeer

1 kg Kasseler Nacken	unter fließendem kaltem Wasser abspülen, trockentupfen, das Fleisch 4 x etwa 5 cm tief auf der Oberseite einschneiden
2 Scheiben Ananas (aus der Dose)	halbieren, mit der Rundung nach oben in die Einschnitte stecken, das Fleisch in den gewässerten Römertopf geben, mit dem Deckel verschließen, auf dem Rost in den kalten Backofen schieben
Ober-/Unterhitze	2oo–22o °C
Heißluft	18o–2oo °C
Gas	Stufe 4–5
Garzeit	etwa 75 Minuten
	das gare Fleisch in Scheiben schneiden, auf einer vorgewärmten Platte anrichten, warm stellen.

Rote Linsen mit Kasseler

500 g rote Linsen	waschen, 12 Stunden in
750 ml (3/4 l) kaltem Wasser	einweichen, mit
250 ml (1/4 l) heißer Fleischbrühe	
4 EL Tomatenmark	in den gewässerten Römertopf geben, verrühren
750 g Kasseler ohne Knochen	auf die Linsen legen, den Römertopf mit dem Deckel verschließen, auf dem Rost in den Backofen schieben, die Linsen während des Garens einmal durchrühren
Ober-/Unterhitze	200–220 °C
Heißluft	180–200 °C
Gas	Stufe 4–5
Garzeit	etwa 45 Minuten
	die garen Linsen nach Belieben mit
Tabascosauce	abschmecken oder
kleingeschnittene Peperoni (aus dem Glas)	unterrühren.

Gefüllte Kalbsbrust

(Für 6 Personen)

1 1/2–1 3/4 kg Kalbsbrust	unter fließendem kaltem Wasser abspülen, trockentupfen, eine Tasche einschneiden
150 g Champignons (aus der Dose)	zum Abtropfen auf ein Sieb geben (Flüssigkeit auffangen), die Champignons halbieren, mit
500 g Thüringer Mett	vermengen, mit
Salz, Pfeffer	abschmecken, die Füllung in die Kalbsbrust geben, zunähen oder zustecken, mit Salz, Pfeffer,
Paprikapulver edelsüß	einreiben, zusammenrollen, mit einem Faden umwickeln
	die Kalbsbrust in den gewässerten Römertopf geben, den Topf mit dem Deckel verschließen, auf dem Rost in den kalten Backofen schieben
Ober-/Unterhitze	200–220 °C
Heißluft	180–200 °C
Gas	Stufe 4–5
Garzeit	etwa 2 Stunden

	von dem garen Fleisch die Fäden entfernen, das Fleisch in Scheiben schneiden, auf einer vorgewärmten Platte anrichten, warm stellen
	den Bratensatz durch ein Sieb gießen (evtl. das Fett abschöpfen), die Champignonflüssigkeit dazugeben, zum Kochen bringen
1 EL Weizenmehl	mit
2 EL kaltem Wasser	anrühren, den Bratensatz damit binden, die Sauce mit Salz, Pfeffer, Paprika abschmecken.

Käse-Kräuter-Rouladen

4 Scheiben Kalbfleisch (aus der Keule, je etwa 150 g)	unter fließendem kaltem Wasser abspülen, trockentupfen, mit
Salz, Pfeffer	bestreuen, mit
Tomatenmark	
Senf	bestreichen
je 1/2 Topf Majoran und Thymian	waschen, die Blättchen abzupfen, trockentupfen, etwas kleinschneiden, auf die Rouladen verteilen
1 Zwiebel	abziehen, fein würfeln
60 g durchwachsenen Speck	in Würfel schneiden
125 g Mozzarella-Käse	in Streifen schneiden
	die drei Zutaten auf die Rouladen verteilen, aufrollen, mit Holzstäbchen feststecken
2 Stangen Lauch (Porree; etwa 300 g)	putzen, halbieren, waschen, in Streifen schneiden
400 g Möhren	putzen, schälen, waschen, in Scheiben schneiden
3 EL Speiseöl	in den gewässerten Römertopf geben, das Gemüse hineingeben, mit Salz und Pfeffer bestreuen, etwas Majoran und Thymian darauf verteilen, die Kalbsrouladen darauf geben
125 ml (1/8 l) Gemüsebrühe	hinzugießen, verschließen, den Römertopf auf dem Rost in den kalten Backofen schieben
Ober-/Unterhitze	etwa 200 °C
Heißluft	etwa 180 °C
Gas	Stufe 3–4
Garzeit	etwa 70 Minuten.

Rollbraten mit Champignons

(Für 6 Personen)	
1¼–1½ kg Schweinerollbraten	unter fließendem kaltem Wasser abspülen, trockentupfen, mit
Salz	
frisch gemahlenem Pfeffer	
Paprikapulver edelsüß	
gerebeltem Rosmarin	einreiben
300 g Champignons (aus der Dose)	abtropfen lassen, die Flüssigkeit auffangen, 6 Eßlöffel davon abmessen, einen Teil der Champignons in den gewässerten Römertopf geben, den Rollbraten darauf legen, die restlichen Pilze um das Fleisch verteilen, das Fleisch mit
Butterflöckchen	belegen, die 6 Eßlöffel Champignonflüssigkeit hinzufügen, den Römertopf mit dem Deckel verschließen, auf dem Rost in den kalten Backofen schieben
Ober-/Unterhitze	200–220 °C
Heißluft	180–200 °C
Gas	Stufe 4–5
Garzeit	2–2½ Stunden
	etwa 30 Minuten vor Beendigung der Garzeit den Deckel abnehmen, damit der Rollbraten noch mehr bräunt
	den garen Braten in Scheiben schneiden, mit den abgetropften Champignons auf einer vorgewärmten Platte anrichten, warm stellen, die Champignons mit
gehackter Petersilie	bestreuen, den Bratensatz durch ein Sieb gießen, zum Kochen bringen
	nach Belieben
2 EL saure Sahne	unterrühren, die Sauce mit Salz, Pfeffer und Rosmarin abschmecken.

TIP

Wenn der Rollbraten sehr mager ist, kann man ihn vor dem Braten mit einigen Speckscheiben belegen.

Pikante Koteletts

4 Schweinekoteletts	unter fließendem kaltem Wasser abspülen, trockentupfen, mit
Salz, Pfeffer	
Paprikapulver edelsüß	einreiben, die Hälfte von
50 g Butter oder Margarine	zerlassen, die Koteletts von beiden Seiten darin anbraten, herausnehmen, das restliche Fett in die Pfanne geben
4 große Zwiebeln	abziehen, würfeln, in dem Bratfett etwa 5 Minuten dünsten lassen, in eine Schüssel geben, mit
2 EL Semmelbröseln	
1 Ei	
1 EL Senf	vermengen, mit Salz, Pfeffer, Paprika abschmecken
500 g Kartoffeln	waschen, schälen, abspülen
3 Äpfel	schälen, entkernen, vierteln, beide Zutaten in dünne Scheiben schneiden, abwechselnd in den gewässerten Römertopf schichten, jede Schicht mit Salz bestreuen, mit
30 g zerlassener Butter	beträufeln, die Koteletts darauf legen, mit der Zwiebelmasse bestreichen, den Römertopf mit dem Deckel verschließen, auf dem Rost in den kalten Backofen schieben
Ober-/Unterhitze	200–220 °C
Heißluft	180–200 °
Gas	Stufe 4–5
Garzeit	60–70 Minuten.

Kalbshaxe

1 Kalbshaxe (1½–2 kg)	unter fließendem kaltem Wasser abspülen, trockentupfen, mit
Salz, Pfeffer	einreiben, mit
gerebeltem Rosmarin	bestreuen, mit
weicher Butter	bestreichen
4 Tomaten	kurze Zeit in kochendes Wasser legen (nicht kochen lassen), in kaltem Wasser abschrecken, enthäuten, die Stengelansätze herausschneiden
2 Zwiebeln	abziehen
	beide Zutaten achteln, mit
2 EL gehackter Petersilie	in den gewässerten Römertopf geben

	die Kalbshaxe darauf legen, den Römertopf mit dem Deckel verschließen, auf dem Rost in den kalten Backofen schieben
Ober-/Unterhitze	200–220 °C
Heißluft	180–200 °C
Gas	Stufe 4–5
Garzeit	2–2¼ Stunden
	30 Minuten vor Beendigung der Garzeit den Deckel abnehmen, damit das Fleisch bräunt
	das gare Fleisch von dem Knochen lösen, in Scheiben schneiden, auf einer vorgewärmten Platte anrichten, warm stellen, den Bratensatz mit dem Gemüse durch ein Sieb streichen, zum Kochen bringen
	die Sauce mit Salz, Pfeffer,
gerebeltem Thymian	abschmecken.

Leberpastete

500 g Rinder- oder Schweineleber	unter fließendem kaltem Wasser abspülen, trockentupfen, mit
40 g fettem Speck *1 abgezogenen Zwiebel*	durch den Fleischwolf drehen, die Masse mit
1 Ei *2 eingeweichten, ausgedrückten Brötchen* *2 EL saurer Sahne*	vermengen, mit
Salz, Pfeffer *gerebeltem Majoran*	abschmecken, einen Teil von
einigen dünnen Scheiben fettem Speck	in den gewässerten Römertopf legen, die Lebermasse darauf geben, glattstreichen, mit Speckscheiben belegen, den Römertopf mit dem Deckel verschließen, auf dem Rost in den kalten Backofen schieben
Ober-/Unterhitze	200–220 °C
Heißluft	180–200 °C
Gas	Stufe 4–5
Garzeit	etwa 60 Minuten
	die Leberpastete im Römertopf erkalten lassen.

Traditionelle Festessen wie Gänsebraten verlangen oftmals ein besonderes Ambiente. Werden sie im Römertopf serviert, ist selbst den höchsten Ansprüchen Genüge getan. Denn seine Formenvielfalt paßt sich den Gegebenheiten an. Daß das Material aus Ton darüber hinaus dafür sorgt, daß fettreiches Fleisch wie die Gans ohne zusätzliches Fett gebraten werden kann und eher fettarmes Fleisch wie Hirsch und Hase dank reichlicher Wässerung im Vorfeld wunderbar zart und aromatisch gerät, wird dabei gern vergessen. Doch gerade diese Eigenschaften machen den Römertopf zu einem unentbehrlichen Helfer meisterhafter Kochkunst.

Schmorhähnchen mit Aprikosen

(Foto Seite 64/65)

1 küchenfertiges Hähnchen (etwa 1,2 kg)	unter fließendem kaltem Wasser abspülen, trockentupfen, in 8 Stücke teilen, mit
Salz, Pfeffer	
Paprikapulver edelsüß	bestreuen
15o g Schalotten	abziehen, halbieren
4 mittelgroße Kartoffeln	waschen, schälen, abspülen, in Spalten schneiden Hähnchenteile, Schalotten, Kartoffeln,
1oo g getrocknete Aprikosen	in den gewässerten Römertopf geben, auf dem Rost in den kalten Backofen schieben
Ober-/Unterhitze	etwa 2oo °C
Heißluft	etwa 18o °C
Gas	Stufe 3–4
Garzeit	etwa 7o Minuten
2 Fleischtomaten (etwa 4oo g)	kurze Zeit in kochendes Wasser legen (nicht kochen lassen), in kaltem Wasser abschrecken, enthäuten, die Stengelansätze herausschneiden, die Tomaten in Stücke schneiden, nach 5o Minuten Garzeit Tomatenstücke zu den Hähnchenteilen geben, fertiggaren, einmal umrühren, mit Salz, Pfeffer,
gerebeltem Oregano	abschmecken.

Gans

1 küchenfertige Gans (etwa 4 kg)	unter fließendem kaltem Wasser abspülen, innen und außen mit
Salz	
frisch gemahlenem Pfeffer	
gerebeltem Majoran	einreiben, die Gans mit der Brust nach oben in den gewässerten Römertopf legen, mit
Speiseöl	bestreichen, den Römertopf mit dem Deckel verschließen, auf dem Rost in den Backofen schieben
Ober-/Unterhitze	2oo–2oo °C
Heißluft	18o–2oo °C
Gas	Stufe 4–5
Garzeit	etwa 2¾ Stunden

	während des Garens ab und zu das austretende Fett abschöpfen, die Gans immer wieder mit
Salzwasser	bestreichen, 3o Minuten vor Beendigung der Garzeit
2 kleine Äpfel	schälen, vierteln, entkernen, in Spalten schneiden, zu der Gans geben, den Römertopf die restliche Garzeit ohne Deckel in den Backofen stellen die gare Gans in Portionsstücke schneiden, auf einer vorgewärmten Platte anrichten, warm stellen, den Bratensatz entfetten, mit
Wasser	auf 25o ml (¼ l) auffüllen
2 TL Speisestärke	mit
1 EL kaltem Wasser	anrühren, den Bratensatz damit binden, die Sauce mit Salz, Pfeffer abschmecken.
Beilage	Rotkohl und Kartoffelklöße.

Poularde

1 küchenfertige Poularde (etwa 1¼ kg)	unter fließendem kaltem Wasser abspülen, trockentupfen
2–3 EL Speiseöl	mit
1 TL Senf	
Paprikapulver edelsüß	
Salz	
Pfeffer	verrühren, die Poularde damit bestreichen, in den gewässerten Römertopf legen, den Römertopf mit dem Deckel verschließen, auf dem Rost in den kalten Backofen schieben
Ober-/Unterhitze	2oo–22o °C
Heißluft	18o–2oo °C
Gas	Stufe 4–5
Garzeit	etwa 75 Minuten
	nach etwa 5o Minuten den Deckel abnehmen, die Poularde fertiggaren lassen, die gare Poularde in Portionen teilen, auf einer vorgewärmten Platte anrichten, warm stellen, den Bratensatz mit
Wasser	auf 25o ml (¼ l) auffüllen, zum Kochen bringen
1 EL Weizenmehl	mit
2 EL kaltem Wasser	anrühren, den Bratensatz damit binden, die Sauce mit Salz, Pfeffer, Paprika abschmecken.

Huhn à la Tante Martine

1 küchenfertiges Hähnchen (etwa 1 kg)	unter fließendem kaltem Wasser abspülen, trockentupfen, in Stücke teilen, mit
Salz	
frisch gemahlenem Pfeffer	würzen
1 EL Speiseöl	erhitzen, die Fleischstücke darin anbraten
5o g Speckwürfel	
2 Zwiebeln	abziehen, würfeln
	die beiden Zutaten zum Hähnchen geben, mit
4 EL Cognac	übergießen und flambieren, anschließend in den gewässerten Römertopf geben, den Bratfond mit
1oo ml Rotwein	
1oo ml Geflügelbrühe	aufgießen
4 Knoblauchzehen	abziehen, zerdrücken
1 Bund Petersilie	unter fließendem kaltem Wasser abspülen
5o g Bambussprossen, gehackt	
1 Lorbeerblatt	
1 Nelke	
	die fünf Zutaten in die Sauce geben, alles in den Römertopf gießen, in den kalten Backofen schieben
Ober-/Unterhitze	etwa 2oo °C
Heißluft	etwa 18o °C
Gas	Stufe 3-4
Garzeit	75–9o Minuten
	mit
Kerbelblättchen	garnieren.
Beilage	Kartoffelkroketten, Reis.

TIP

Anstatt des Hähnchenfleisches kann für dieses Rezept auch Kaninchenfleisch genommen werden.

Gefüllter Babyputer

1 küchenfertigen Babyputer (etwa 2–2½ kg)	unter fließendem kaltem Wasser außen und innen abspülen, trockentupfen.
	Für die Füllung
250 g säuerliche Äpfel (z.B. Boskop)	schälen, vierteln, entkernen, in Würfel schneiden
100 g Puten- oder Hühnerleber	unter fließendem kaltem Wasser abspülen, trockentupfen, würfeln
400 g Eßkastanien (oder 1 Dose)	im Ofen backen, schälen und blanchieren
50 g gehackte Walnußkerne	
100 g Rosinen, ungeschwefelt	
50 g Semmelbrösel	
	die sechs Zutaten mit
2 Eiern	
4 EL Calvados	
Pimentpulver	
gemahlenem Koriander	vermengen, mit
Salz	
frisch gemahlenem Pfeffer	würzen, den Puter damit füllen, die Öffnung verschließen, Flügel und Keulen an den Rumpf binden
250 g Äpfel	schälen, vierteln, entkernen, in Würfel schneiden
250 g Zwiebeln	abziehen, würfeln
	beide Zutaten in den gewässerten Römertopf füllen, den Puter darauf legen, auf dem Rost in den kalten Backofen schieben
Ober-/Unterhitze	etwa 200 °C
Heißluft	etwa 180 °C
Gas	etwa Stufe 4
Garzeit	etwa 2 Stunden
	nach 60 Minuten Garzeit, mit
500 ml (½ l) Apfelsaft	auffüllen, fertiggaren.

Hähnchen à la Chipolata

(Für 2 Personen)	
1 kleines Hähnchen (etwa 1 kg)	unter fließendem kaltem Wasser abspülen, trockentupfen, innen und außen mit
Salz frisch gemahlenem Pfeffer	würzen
50 g durchwachsenen Speck	in sehr dünne Scheiben schneiden, auf die Hähnchenbrust legen
2 Zwiebeln	abziehen, fein würfeln
200 g Möhren 200 g Sellerieknolle	beide Zutaten putzen, schälen, in Würfel schneiden
300 g Kartoffeln	waschen, schälen, abspülen, in Würfel schneiden die drei Zutaten in den gewässerten Römertopf geben, das Hähnchen darauf setzen, den Topf mit dem Deckel verschließen, auf dem Rost in den kalten Backofen schieben
Ober-/Unterhitze	etwa 200 °C
Heißluft	etwa 180 °C
Gas	Stufe 3–4
Garzeit	etwa 60 Minuten das Hähnchen herausnehmen, warm stellen, das Fett abschöpfen, das Gemüse pürieren, mit Salz und Pfeffer abschmecken, evtl.
100 g durchwachsenen Speck	in Streifen schneiden, kroß ausbraten, über das Püree geben das Hähnchen tranchieren, mit dem Püree servieren.

TIP

Nach Belieben gare Kastanien (Maronen) in Butter schwenken, zu dem Hähnchen reichen.

Marinierte Hähnchenkeulen, exotisch

140 g Ananasringe (aus der Dose)	zum Abtropfen auf ein Sieb geben (Saft auffangen), in Stücke schneiden
4 Hähnchenkeulen (je etwa 200 g)	unter fließendem kaltem Wasser abspülen, trockentupfen
3 EL Sojasauce	mit
3 EL Chilisauce	
6 EL Ananassaft	
½ TL frisch gemahlenem schwarzem Pfeffer	
1 TL Currypulver	verrühren, die Hähnchenteile damit bestreichen, mehrere Stunden darin marinieren, zwischendurch wenden, mit der Sauce bestreichen
je 1 rote und grüne Paprikaschote	halbieren, entstielen, entkernen, die weißen Scheidewände entfernen, die Schoten waschen, in Streifen schneiden
1 Bund Frühlingszwiebeln	putzen, waschen, in 3 cm lange Stücke schneiden Paprikastreifen, Frühlingszwiebeln und Ananasstücke vermischen, in den gewässerten Römertopf (Huhnform) geben, den Rest des Ananassaftes,
50 g Cashewkerne	dazugeben, mit Pfeffer,
Salz	bestreuen, die Hähnchenkeulen mit der Marinade darauf geben, den Topf auf dem Rost in den kalten Backofen schieben
Ober-/Unterhitze	200–220 °C
Heißluft	180–200 °C
Gas	Stufe 4–5
Garzeit	60–70 Minuten
	die Hähnchenkeulen herausnehmen
220 g Maiskölbchen (aus dem Glas)	abtropfen lassen, unter das Gemüse rühren, nochmals kurz in den ausgeschalteten, noch warmen Backofen stellen, abschmecken, Gemüse zu den Hähnchenkeulen reichen.

Fasan auf Weinsauerkraut

1 Zwiebel	abziehen, würfeln, mit
500 g Sauerkraut	
1 kleinen Lorbeerblatt	
einigen Pfefferkörnern	vermengen, mit
Salz	würzen, in den gewässerten Römertopf geben
250 ml (1/4 l) Weißwein	hinzugießen
1 küchenfertigen	
Fasan (1/2–1 kg)	unter fließendem kaltem Wasser abspülen, trockentupfen, innen und außen mit Salz einreiben, auf das Sauerkraut legen
40 g fetten Speck	in Scheiben schneiden, den Fasan damit belegen, den Römertopf mit dem Deckel verschließen, auf dem Rost in den kalten Backofen schieben
Ober-/Unterhitze	200–220 °C
Heißluft	180–200 °C
Gas	Stufe 4–5
Garzeit	etwa 75 Minuten
200 g blaue Weintrauben	
200 g grüne Weintrauben	waschen, halbieren, entkernen den garen Fasan aus dem Römertopf nehmen, in Portionsstücke schneiden, auf einer vorgewärmten Platte anrichten, warm stellen die Weintrauben zu dem Sauerkraut geben, mit
Zucker	abschmecken, den Römertopf mit dem Deckel verschließen, weitere 10 Minuten in den Backofen stellen, den Fasan auf dem Sauerkraut anrichten, mit
Tomatenachteln	
Petersilie	garnieren.

TIP *Dazu paßt Kartoffelpüree. Statt Sauerkraut und Weißwein 750 g in Streifen geschnittenen Weißkohl und 250 ml (1/4 l) Schlagsahne verwenden.*

Gefüllte Flugente

(Für 2 Personen)	
1 Flugente (etwa 1,3 kg)	unter fließendem kaltem Wasser abspülen, innen und außen trockentupfen, mit den Fingern vom Hals ausgehend (vorsichtig, damit die Haut nicht reißt) zuerst die Haut an der Brust, dann an den Schenkeln lockern, die Ente innen und außen mit
Salz	
frisch gemahlenem Pfeffer	bestreuen
1 Brötchen (Semmel)	in
Wasser	einweichen, gut ausdrücken
3 EL Speiseöl	erhitzen
1 Zwiebel	abziehen, fein würfeln, in dem Öl andünsten
400 g Champignons	putzen, mit Küchenpapier abreiben, evtl. abspülen, in Würfel schneiden, zu den Zwiebelwürfeln geben, unter Rühren etwa 3 Minuten andünsten
2 Äpfel (etwa 300 g)	schälen, vierteln, entkernen, in kleine Würfel schneiden, zu den Champignons geben, kurz mitdünsten, mit Salz, Pfeffer würzen
1 Bund glatte Petersilie	abspülen, trockentupfen, die Blättchen abzupfen, kleinschneiden, mit den Brötchen,
2 Eiern	verrühren, unter die Champignon-Apfel-Masse geben, gut vermengen, in einen Spritzbeutel ohne Tülle oder mit großer Lochtülle füllen, diese am Hals der Ente ansetzen, die Füllung gleichmäßig unter die Haut auf Brust und Schenkel verteilen, die Ente in den gewässerten Römertopf legen, mit dem Deckel verschließen, auf dem Rost in den kalten Backofen schieben
Ober-/Unterhitze	200–220 °C
Heißluft	180–200 °C
Gas	Stufe 4–5
Garzeit	1½–2 Stunden
	die gare Ente herausnehmen, in Portionsstücke teilen, den Bratenfond etwas entfetten.

TIP

Die Flugente mit Kartoffel- oder Semmelklößen servieren.

Kaninchen mit Paprika

(Foto)

1 küchenfertiges Kaninchen (etwa 1 1/2 kg)	unter fließendem kaltem Wasser abspülen, trockentupfen, in 8 Teile schneiden
250 g Schalotten	abziehen, halbieren
je 1 kleine gelbe, rote, grüne Paprikaschote	halbieren, entstielen, entkernen, die weißen Scheidewände entfernen, die Schoten waschen, in Streifen schneiden
10 Salbeiblätter	abspülen, trockentupfen
1 kleinen Zweig Rosmarin	abspülen, trockentupfen
2 Knoblauchzehen	abziehen, würfeln, die Kaninchenteile mit
Salz, Pfeffer	einreiben, Paprikastreifen, Schalotten, Knoblauch, Salbei und Rosmarin in einen großen, gewässerten Römertopf geben, die Kaninchenteile – außer dem Rücken – darauf legen, den Römertopf mit dem Deckel verschließen, auf dem Rost in den kalten Backofen schieben
Ober-/Unterhitze	etwa 200 °C
Heißluft	etwa 180 °C
Gas	etwa Stufe 4
Garzeit	etwa 60 Minuten
	nach 30 Minuten Rücken dazugeben, fertiggaren, Kaninchenteile herausnehmen, warm stellen
125 ml (1/8 l) Schlagsahne	in den Bratensatz geben, umrühren, evtl. nochmals abschmecken, zu dem Kaninchen servieren.

Kaninchenpastete

1 küchenfertiges Kaninchen (etwa 1 1/2 kg)	unter fließendem kaltem Wasser abspülen, trockentupfen, das Filet auslösen, beiseite legen, das übrige Fleisch von den Knochen lösen, mit
50 g fettem Speck	
2 abgezogenen, kleingeschnittenen Zwiebeln	
1 Knoblauchzehe	durch den Fleischwolf drehen

(Fortsetzung Seite 78)

	mit
3 Eiern	
gerebeltem Thymian	vermengen, mit
Salz, Pfeffer	abschmecken
	den gewässerten Römertopf mit
4 großen Scheiben	
fettem Speck	auslegen, die Hälfte der Fleischmasse darauf geben, das Filet auf die Fleischmasse legen, die restliche Kaninchenmasse gleichmäßig darauf verteilen, mit
einigen Scheiben	
fettem Speck	belegen, den Römertopf mit dem Deckel verschließen, auf dem Rost in den kalten Backofen schieben
Ober-/Unterhitze	2oo–22o °C (vorgeheizt)
Heißluft	18o–2oo °C (nicht vorgeheizt)
Gas	Stufe 4–5 (vorgeheizt)
Garzeit	9o Minuten.

Pikantes Hirschrückenfleisch

4 Ananasscheiben	
(aus der Dose)	abtropfen lassen, halbieren, den gewässerten Römertopf damit auslegen
75o g Hirschrückenfleisch (ohne Knochen)	unter fließendem kaltem Wasser abspülen, trockentupfen
1oo g fetten Speck	in sehr dünne Scheiben schneiden, das Fleisch damit belegen, mit
Salz	bestreuen, das Hirschrückenfleisch auf die Ananasscheiben legen, etwas Ananassaft dazugeben, den Römertopf mit dem Deckel verschließen, auf dem Rost in den kalten Backofen schieben
Ober-/Unterhitze	2oo–22o °C
Heißluft	18o–2oo °C
Gas	Stufe 4–5
Garzeit	etwa 5o Minuten
	das gare Fleisch in Scheiben schneiden, mit den Ananasscheiben auf einer vorgewärmten Platte anrichten, warm stellen, den Bratensatz mit Salz und Pfeffer abschmecken.

Hasenrücken mit Austernpilzen

2 Hasenrücken (je etwa 500 g)	unter fließendem kaltem Wasser abspülen, trockentupfen, enthäuten, mit
Salz	
frisch gemahlenem Pfeffer	bestreuen
75 g fetten Speck	in dünne Scheiben schneiden, die Hasenrücken damit belegen
400 g Austernpilze	putzen, mit Küchenpapier abreiben, die großen in Stücke schneiden, in den gewässerten Römertopf geben, mit Salz und Pfeffer bestreuen
50 g Kräuterbutter	in kleine Stücke schneiden, darauf verteilen
	die Hasenrücken nebeneinander darauf legen
4 EL Rotwein	dazugießen
	den Römertopf mit dem Deckel verschließen, auf dem Rost in den kalten Backofen schieben
Ober-/Unterhitze	200–220 °C
Heißluft	180–200 °C
Gas	Stufe 4–5
Garzeit	etwa 60 Minuten
	das gare Fleisch herausnehmen, von den Knochen lösen, in Scheiben schneiden, warm stellen, die Austernpilze umrühren, nach Belieben
½ Becher (75 g) Crème fraîche	unterrühren, mit
1 EL gehackter Petersilie	bestreuen, zu den Hasenrücken servieren.

TIP

Anstatt der Austernpilze kann auch dieselbe Menge Pfifferlinge oder Champignons verwendet werden. Den Hasenrücken nach Belieben durch dieselbe Menge Hirschrücken ersetzen.

Wer in Form bleiben will, der bringt häufiger Fisch auf den Tisch. Damit aber auch der in Form bleibt und nicht – wie oft genug in der Pfanne erlebt – auseinanderfällt, sollte man eine der vielen Römertopf-Rezepturen probieren, die den feinen Fischgeschmack in immer wieder neuen, überzeugenden Variationen zur Geltung bringen. Für Schon- und Diätkostler ist die Kombination aus Grätentier und Garen im eigenen Saft ohnehin ein Muß, für Feinschmecker könnte sie sich als kulinarische Entdeckungsreise erweisen. Bei einem Versuch wird's jedenfalls nicht bleiben. Wetten?!

Neapolitanisches Fischfilet

(Foto Seite 80/81)

400 g Tomaten	kurze Zeit in kochendes Wasser legen (nicht kochen lassen), in kaltem Wasser abschrecken, enthäuten, die Stengelansätze herausschneiden, die Tomaten in Stücke schneiden
250 g Champignons	putzen, mit Küchenpapier abreiben, evtl. abspülen, in Scheiben schneiden
1 Zwiebel	abziehen, fein würfeln, mit den Tomaten- und Champignonstücken vermengen, mit
Salz	
Pfeffer	würzen, in den gewässerten Römertopf (Superfisch) geben
4 Scheiben Rotbarschfilet (je etwa 125 g)	unter fließendem kaltem Wasser abspülen, trokkentupfen, mit Salz und Pfeffer bestreuen, auf das Gemüse legen
75 g geriebenen Emmentaler	mit
1 EL gehackter Petersilie	
1 EL feingeschnittenem Schnittlauch	vermengen, auf dem Fisch verteilen, nach Belieben mit
30 g Butter	in Flöckchen belegen, den Topf mit dem Deckel verschließen, auf dem Rost in den kalten Backofen schieben
Ober-/Unterhitze	etwa 200 °C
Heißluft	etwa 180 °C
Gas	Stufe 3–4
Garzeit	etwa 45 Minuten.

TIP

Das neapolitanische Fischfilet mit Salzkartoffeln oder Reis reichen.

Fischcurry

600 g Rotbarschfilet	unter fließendem kaltem Wasser abspülen, trockentupfen, in Würfel schneiden
2 TL Currypulver	mit
1 TL Salz	
1 Messerspitze Paprikapulver edelsüß	mischen, die Fischwürfel damit bestreuen
1 kleinen Apfel	schälen, vierteln, entkernen, würfeln
1 Banane	schälen, längs halbieren, in Scheiben schneiden
250 g gewürfelte Möhren (aus der Dose)	
250 g Erbsen (aus der Dose)	abtropfen lassen, alle Zutaten abwechselnd in den gewässerten Römertopf schichten
30 g Butter oder Margarine	in Flöckchen darauf setzen, den Römertopf mit dem Deckel verschließen, auf dem Rost in den kalten Backofen schieben
Ober-/Unterhitze	200–220 °C
Heißluft	180–200 °C
Gas	Stufe 4–5
Garzeit	etwa 40 Minuten.

Goldbarschfilet auf dem Gemüsebett

250 g Lauch (Porree)	putzen, längs halbieren, gründlich waschen, in feine Ringe schneiden
300 g Möhren	putzen, schälen, waschen, in Scheiben schneiden
350 g Blumenkohl	putzen, in Röschen teilen, waschen
150 g Sellerieknolle	putzen, waschen, schälen, in feine Streifen schneiden, die vier Zutaten in den gewässerten Römertopf füllen, mit
Salz, Pfeffer	würzen, den Topf mit dem Deckel verschließen, auf dem Rost in den kalten Backofen schieben
Ober-/Unterhitze	etwa 220 °C
Heißluft	etwa 200 °C
Gas	Stufe 4–5
Garzeit	etwa 60 Minuten
4 Goldbarschfilets (je 180 g)	unter fließendem kaltem Wasser abspülen, trockentupfen, mit
2 EL Weißwein	säuern, mit Salz, Pfeffer würzen, nach etwa 30 Minuten Garzeit auf das Gemüse legen
100 ml Schlagsahne	dazugießen, fertiggaren lassen, mit
½ Beet Kresse	garnieren.

Fischrollen auf Lauchgemüse

(Foto)	
4 Rotbarschfilets (etwa 750 g)	unter fließendem kaltem Wasser abspülen, trockentupfen, mit
Zitronensaft	beträufeln, mit
Salz	bestreuen, evtl. je 1 Fischfilet zwischen 2 von
8 Scheiben Schinkenspeck	legen, jeweils die obere Speckscheibe mit
Senf	bestreichen, mit
frisch gemahlenem Pfeffer	bestreuen, aufrollen
etwa 800 g Lauch (Porree)	putzen, längs halbieren, gründlich waschen, in etwa 2 cm große Stücke schneiden, in den gewässerten Römertopf geben, mit Salz, Pfeffer würzen, die Fischrollen darauf legen
30 g Butter	in Flöckchen darauf setzen, den Römertopf mit dem Deckel verschließen, auf dem Rost in den kalten Backofen schieben
Ober-/Unterhitze	200–220 °C
Heißluft	180–200 °C
Gas	Stufe 4–5
Garzeit	etwa 60 Minuten.

Gedünsteter Fisch

800 g küchenfertigen Fisch (Kabeljau, Rotbarsch, Schellfisch)	unter fließendem kaltem Wasser abspülen, trockentupfen, mit
Zitronensaft	beträufeln, mit
Salz, weißem Pfeffer	bestreuen, den Fisch von allen Seiten mit
Butter oder Margarine	bestreichen, in den gewässerten Römertopf legen, mit
4 Scheiben durchwachsenem Speck	belegen, den Römertopf mit dem Deckel verschließen, auf dem Rost in den kalten Backofen schieben
Ober-/Unterhitze	200–220 °C
Heißluft	180–200 °C
Gas	Stufe 4–5
Garzeit	etwa 40 Minuten.

Heilbutt Gärtnerin

4 Scheiben Heilbutt (etwa 800 g)	unter fließendem kaltem Wasser abspülen, trocken-tupfen, mit
1 EL Zitronensaft	beträufeln, mit
Salz	
frisch gemahlenem Pfeffer	bestreuen
1 Gemüsezwiebel	abziehen, halbieren, in Scheiben schneiden
500 g Lauch (Porree)	putzen, längs halbieren, gründlich waschen, in Scheiben schneiden
	das Gemüse in den gewässerten Römertopf geben, die Heilbuttscheiben darauf legen, mit
30 g zerlassener Butter	übergießen, den Römertopf mit dem Deckel verschließen, auf dem Rost in den kalten Backofen schieben
Ober-/Unterhitze	200–220 °C
Heißluft	180–200 °C
Gas	Stufe 4–5
Garzeit	etwa 25 Minuten.
	Für die Champignonsauce
1 kleine Zwiebel	abziehen, würfeln
200 g Champignonstücke (aus der Dose)	abtropfen lassen, gut 125 ml (1/8 l) von der Flüssigkeit abmessen
20 g Butter oder Margarine	zerlassen, die Zwiebelwürfel darin hellgelb andünsten, die Champignons hinzufügen, durchdünsten, mit
1 EL Weizenmehl	bestäuben, die Champignonflüssigkeit hinzugießen mit einem Schneebesen durchschlagen, darauf achten, daß keine Klümpchen entstehen, die Sauce zum Kochen bringen, etwa 10 Minuten kochen lassen
5 EL Schlagsahne	hinzugießen, mit Salz, Pfeffer abschmecken, den garen Fisch mit dem Gemüse auf einer vorgewärmten Platte anrichten, die Sauce getrennt dazureichen.

TIP *Anstatt Lauch 500 g Spargel nehmen. Sehr gut schmeckt der Heilbutt auch mit einer Sauce Hollandaise:*

	Für die Sauce Hollandaise
200 g Butter	zerlassen, etwas abkühlen lassen
2 Eigelb	mit
2 EL Weißwein	in einer Schüssel im Wasserbad so lange schlagen, bis die Masse dicklich ist, die Schüssel aus dem Wasserbad nehmen, die etwas abgekühlte Butter langsam darunter schlagen, die Sauce mit
Zitronensaft	
Salz	
frisch gemahlenem Pfeffer	würzen.

Pikanter Fischauflauf

500 g Rotbarschfilet	unter fließendem kaltem Wasser abspülen, trockentupfen
oder	
1 Packung tiefgekühltes Rotbarschfilet	bei Zimmertemperatur auftauen lassen, mit
Zitronensaft	beträufeln, mit
Salz	bestreuen
1 kg gekochte Salzkartoffeln	mit
125 ml (1/8 l) heißer Milch	
40 g Butter	zerstampfen, in den gewässerten Römertopf geben, das Fischfilet darauf legen
3 Zwiebeln	abziehen, mit
100 g geräuchertem Speck	in Würfel schneiden, den Speck auslassen, die Zwiebeln darin goldgelb dünsten lassen, über den Fisch verteilen
375 g Tomaten	waschen, die Stengelansätze herausschneiden, die Tomaten in Scheiben schneiden, mit Salz,
frisch gemahlenem Pfeffer	bestreuen, schuppenförmig auf den Fisch legen
75 g geriebenen Emmentaler oder mittelalten Gouda	darüberstreuen, den Römertopf mit dem Deckel verschließen, auf dem Rost in den kalten Backofen schieben
Ober-/Unterhitze	200–220 °C
Heißluft	180–200 °C
Gas	Stufe 4–5
Garzeit	40–50 Minuten.

Gemüse-Fisch-Eintopf

	Von
250 g grünen Bohnen	die Enden abschneiden, die Bohnen evtl. abfädeln, waschen, in Stücke schneiden oder brechen
400 g Kartoffeln	waschen, schälen, abspülen, in kleine Würfel schneiden
½ Gemüsezwiebel (etwa 150 g)	abziehen, halbieren, in Scheiben schneiden
250 g Champignons	putzen, mit Küchenpapier abreiben, evtl. abspülen, in Stücke schneiden
	die Zutaten mischen, mit
Salz	
frisch gemahlenem Pfeffer	
gerebeltem Bohnenkraut	abschmecken, in den gewässerten Römertopf (Fischtopf) geben
50 g Butter	in Flöckchen darauf verteilen, den Topf mit dem Deckel verschließen, auf dem Rost in den kalten Backofen schieben
Ober-/Unterhitze	etwa 220 °C
Heißluft	etwa 200 °C
Gas	Stufe 4–5
Garzeit	etwa 65 Minuten
600 g Kabeljaufilet	evtl. unter fließendem kaltem Wasser abspülen, trockentupfen, mit Salz und Pfeffer bestreuen, in große Würfel schneiden, nach etwa 50 Minuten Garzeit den Topf aus dem Ofen nehmen, den Kabeljau auf das Gemüse geben, wieder in den Backofen schieben, 15 Minuten weitergaren, zum Schluß nach Belieben
4 EL Schmand oder Crème fraîche	unterrühren.

TIP

Zu dem Gemüse-Fisch-Eintopf frisches Weißbrot und einen herben Weißwein reichen.

Forellen im Speckhemd

4 küchenfertige Forellen	
(je etwa 175 g)	unter fließendem kaltem Wasser abspülen, innen und außen mit
Salz	
frisch gemahlenem	
weißem Pfeffer	bestreuen, in den gewässerten Römertopf legen
1oo g durchwachsenen	
Speck	in dünne Scheiben schneiden, auf die Forellen legen, den Römertopf mit dem Deckel verschließen, auf dem Rost in den kalten Backofen schieben
Ober-/Unterhitze	2oo–22o °C
Heißluft	18o–2oo °C
Gas	Stufe 4–5
Garzeit	etwa 45 Minuten
	inzwischen
25o ml (1/4 l) Schlagsahne	mit Salz, Pfeffer
Paprikapulver edelsüß	
Zucker	abschmecken, etwa 15 Minuten vor Beendigung der Garzeit über die Forellen geben, die Form ohne Deckel wieder in den Backofen stellen, die Forellen fertiggaren lassen.

Zander

1 küchenfertigen	
Zander (etwa 1 kg)	unter fließendem kaltem Wasser abspülen, trockentupfen, mit
3 EL Zitronensaft	beträufeln, mit
Salz	
frisch gemahlenem Pfeffer	bestreuen
2 Zwiebeln	abziehen, würfeln
1 kleinen Apfel	schälen, vierteln, entkernen, kleinschneiden
	die beiden Zutaten mit Salz,
1oo g Tomatenmark	
3 EL saurer Sahne	
frisch gemahlenem Pfeffer	verrühren
	die Tomatenmasse in den gewässerten Römertopf geben, den Zander darauf legen, mit
4 Scheiben	
durchwachsenem Speck	belegen, den Römertopf mit dem Deckel verschließen, auf dem Rost in den kalten Backofen schieben

Ober-/Unterhitze	200–220 °C
Heißluft	180–200 °C
Gas	Stufe 4–5
Garzeit	etwa 45 Minuten
	den garen Zander mit
Zitronenvierteln	garnieren.

Szegediner Fischgulasch

600 g Rotbarschfilet	unter fließendem kaltem Wasser abspülen, trockentupfen, in Würfel schneiden, mit
Salz	
frisch gemahlenem Pfeffer	
Paprikapulver edelsüß	bestreuen
200 g Zwiebeln	abziehen, würfeln
50 g Schweineschmalz	zerlassen, die Zwiebelwürfel darin hellgelb dünsten lassen, mit Salz,
1 EL Paprikapulver edelsüß	
2 gehäuften EL Tomatenmark	
10 Pfefferkörnern	
1 Lorbeerblatt	
500 g Sauerkraut	vermengen, in den gewässerten Römertopf geben
250 ml (1/4 l) heiße Gemüsebrühe	hinzugießen, den Römertopf mit dem Deckel verschließen, auf dem Rost in den kalten Backofen schieben
Ober-/Unterhitze	200–220 °C
Heißluft	180–200 °C
Gas	Stufe 4–5
Garzeit	60–75 Minuten
	etwa 15 Minuten vor Beendigung der Garzeit die Rotbarschfiletwürfel,
1 Becher (150 g) saure Sahne	unter das Sauerkraut heben, den Römertopf wieder mit dem Deckel verschließen, das Fischgulasch fertiggaren lassen, evtl. nochmals mit Salz, Pfeffer und Paprika abschmecken.

Dem Römertopf haftet seit jeher ein etwas rustikaler Charakter an. Warum also nicht aus dem Ruf eine Tugend machen? Und was wäre geeigneter als in einem zünftig aussehenden Tontopf eine ebensolche Speise anzurichten. Pikantes Gebäck und herzhafte Aufläufe erweisen sich als ideale Partner. Vor allem wenn Gäste kommen, sind sie genau das Richtige, um in gemütlicher Runde dem Leben etwas von seiner schönsten Seite abzugewinnen. Genuß ohne Reue, ohne Hektik und Streß – was will man mehr? Da muß man doch beileibe kein Römer sein, um die Vorteile solch eines Essens zu erkennen, oder?

Gemüsetorte mit Tacos

(Foto Seite 92/93)

175 g Weizenmehl	mit
1 Msp. Backpulver	in eine Rührschüssel sieben
1 Eigelb	
100 g Butter	
etwas Salz	hinzufügen, die Zutaten mit den Knethaken des Handrührgerätes zunächst kurz auf niedrigster, dann auf höchster Stufe gut durcharbeiten, anschließend auf der bemehlten Arbeitsfläche zu einem glatten Teig verkneten
	den Teig mindestens 30 Minuten ruhen lassen
½ gelbe und rote	
Paprikaschote	entkernen, entstielen, die weißen Scheidewände entfernen, die Schoten waschen, in Streifen schneiden
1 Chilischote	halbieren, entkernen, entstielen, waschen, in Streifen schneiden
285 g Mais (aus der Dose)	zum Abtropfen auf ein Sieb geben
1 Bund Frühlingszwiebeln	putzen, waschen, in Scheiben schneiden, die drei Zutaten vermengen, den Teig auf einer schwach bemehlten Arbeitsfläche ausrollen, eine gefettete Farmhaus-Quiche-Form damit auskleiden, den Rand etwas andrücken, die Zutaten darauf verteilen
2 Eier	mit
250 ml (¼ l) Schlagsahne	verrühren, mit
Salz	
frisch gemahlenem Pfeffer	
Cayennepfeffer	verrühren
100 g Schafskäse	zerbröckeln, unterrühren, die Masse auf das Gemüse geben
30 g Butter	in Flöckchen darauf setzen
	die Form auf dem Rost in den kalten Backofen schieben
Ober-/Unterhitze	etwa 200 °C (vorgeheizt)
Heißluft	etwa 180 °C (nicht vorgeheizt)
Gas	Stufe 3–4 (vorgeheizt)
Backzeit	etwa 40 Minuten
6 Tacoschalen	längs durchbrechen, die 12 Tacos in die Oberfläche der Quiche stechen (auf diese Weise 12 Tortenstücke bilden), noch etwa 5 Minuten in den ausgeschalteten, noch warmen Backofen schieben.

Römische Zucchiniquiche

2 EL Speiseöl	in einem Topf erhitzen
2 Zwiebeln	
2 Knoblauchzehen	die Zutaten abziehen, fein würfeln, in dem Öl andünsten
1 kg Tomaten	kurze Zeit in kochendes Wasser legen (nicht kochen lassen), in kaltem Wasser abschrecken, enthäuten, die Stengelansätze entfernen, die Tomatenhälften kleinschneiden, zu den Zwiebel- und Knoblauchwürfeln geben, mit
Salz	
frisch gemahlenem Pfeffer	abschmecken, so lange dünsten lassen, bis die Sauce etwas dicklich wird
1 TL Oreganoblättchen	dazugeben, nochmals abschmecken, die Sauce in eine gefettete Farmhaus-Quiche-Form geben von
500 g kleinen Zucchini (etwa 4 Stück)	die Enden abschneiden, die Zucchini waschen, längs halbieren, mit Salz und Pfeffer bestreuen mit
40 g Semmelbrösel	
4 EL gehackten Kräutern, z. B. glatter Petersilie, Dill, Oregano	
40 g frisch geriebenem Parmesan-Käse	
6 EL Schlagsahne	zu einer streichfähigen Masse verrühren, auf die Zucchinihälften streichen die Zucchinihälften auf die Tomatensauce in die Form legen
30 g Butter	in Flöckchen darauf setzen, die Form auf dem Rost in den kalten Backofen schieben
Ober-/Unterhitze	etwa 220 °C
Heißluft	etwa 200 °C
Gas	Stufe 4–5
Backzeit	etwa 40 Minuten.

Grüne Quiche

	Für den Teig
200 g Weizenmehl (Type 550)	in eine Rührschüssel sieben
100 g Butter	
1 Eigelb	
½ TL Salz	
2 EL kaltes Wasser	hinzufügen, die Zutaten mit den Knethaken des Handrührgerätes zunächst auf niedrigster, dann auf höchster Stufe gut durcharbeiten, anschließend auf einer leicht bemehlten Arbeitsfläche zu einem glatten Teig verkneten, etwa 1 Stunde kalt stellen.
	Für den Belag
2 Bund Frühlingszwiebeln	
200 g Broccoli	putzen, waschen, die Frühlingszwiebeln längs halbieren, den Broccoli in kleine Röschen zerteilen, beide Zutaten in
kochendem Salzwasser	etwa 2 Minuten blanchieren
	das Gemüse anschließend auf ein Sieb geben, mit kaltem Wasser übergießen, abtropfen lassen
150 g Spinat	sorgfältig verlesen, die groben Stiele entfernen, in
kochendem Salzwasser	etwa 2 Minuten blanchieren, mit kaltem Wasser übergießen, gut ausdrücken, mit
3 Bund gemischten Kräutern	pürieren oder fein hacken
4 Eier	mit
200 ml Schlagsahne	verschlagen
150 g mittelalten Gouda	reiben, unterrühren, mit
Salz, Pfeffer	
geriebener Muskatnuß	abschmecken
	den Teig zwischen Folie zu einer runden Platte ausrollen (Durchmesser etwa 30 cm), eine mit
Margarine	eingefettete Farmhaus-Quiche-Form damit auslegen
200 g mageren milden Schinken	in kleine Würfel schneiden, mit Frühlingszwiebeln und Broccoliröschen auf den Teigboden geben, Spinat-Käse-Masse darübergeben, mit
2 EL Pinienkernen	bestreuen, die Form auf dem Rost in den kalten Backofen schieben
Ober-/Unterhitze	etwa 200 °C
Heißluft	etwa 180 °C
Gas	Stufe 3–4
Backzeit	30–40 Minuten.

Blumenkohlauflauf mit Schinken

1 kg Blumenkohl	von Blättern, schlechten Stellen und dem Strunk befreien, einige Zeit in
kaltes Salzwasser	legen, um Raupen und Insekten zu entfernen, den Blumenkohl in Röschen teilen, in
kochendes Salzwasser	legen, zum Kochen bringen, etwa 10 Minuten kochen lassen
200 g Spaghetti	in Stücke brechen, in
2 l kochendes Salzwasser	geben, zum Kochen bringen, nach der Packungsaufschrift bißfest kochen lassen, auf ein Sieb geben, mit kaltem Wasser übergießen
200 g rohen oder gekochten Schinken	in Würfel schneiden
	Nudeln, Blumenkohlröschen und Schinken abwechselnd in den gewässerten Römertopf schichten
250 ml (1/4 l) Schlagsahne	mit
4 Eiern	verschlagen, mit
Salz, Pfeffer geriebener Muskatnuß	würzen, über den Auflauf gießen, mit
30 g geriebenem Parmesankäse	bestreuen, den Römertopf mit dem Deckel verschließen, auf dem Rost in den kalten Backofen schieben
Ober-/Unterhitze	200–220 °C
Heißluft	180–200 °C
Gas	Stufe 4–5
Garzeit	etwa 60 Minuten.

Spinatauflauf

800 g Blattspinat	sorgfältig verlesen, waschen, gut abtropfen lassen
40 g Butter	in einem großen Topf zerlassen, den Spinat darin andünsten, mit
Salz, Pfeffer	würzen
1 kg Kartoffeln	waschen, schälen, abspülen, in Hälften schneiden, in
Salzwasser	zum Kochen bringen, in 15–20 Minuten gar kochen lassen, abgießen, sofort durch die Kartoffelpresse geben oder möglichst fein zerstampfen

knapp 250 ml (1/4 l) Milch	
25 g Butter	hinzufügen, den Brei so lange schlagen, bis er weißschaumig ist, mit Salz,
geriebener Muskatnuß	abschmecken
	die Hälfte des Kartoffelbreis in den gewässerten Römertopf geben, den Spinat darauf verteilen mit 1 Eßlöffel 4 Vertiefungen in den Spinat drücken
4 Eier	einzeln aufschlagen, in jede Vertiefung 1 Ei geben, den restlichen Kartoffelbrei vorsichtig darüber verteilen, mit
2 EL Semmelbröseln	bestreuen, mit
Butterflöckchen	belegen, den Römertopf mit dem Deckel verschließen, auf dem Rost in den kalten Backofen schieben
Ober-/Unterhitze	200–220 °C
Heißluft	180–200 °C
Gas	Stufe 4–5
Garzeit	45–50 Minuten.

Kartoffel-Zwiebel-Auflauf

500 g Kartoffeln	waschen, schälen, abspülen
500 g Zwiebeln	abziehen
	beide Zutaten in dünne Scheiben schneiden
125 g rohen Schinken oder Schinkenspeck	in dünne Streifen schneiden, die Kartoffelscheiben in den gewässerten Römertopf geben, mit
Salz	bestreuen, Schinkenstreifen und Zwiebelscheiben darauf verteilen
125 ml (1/8 l) heiße Fleischbrühe	hinzugießen
40 g geriebenen Käse	darüberstreuen, mit
Butterflöckchen	belegen, den Römertopf mit dem Deckel verschließen, auf dem Rost in den kalten Backofen schieben
Ober-/Unterhitze	200–220 °C
Heißluft	180–200 °C
Gas	Stufe 4–5
Garzeit	etwa 60 Minuten.

Kartoffelauflauf mit Bacon

(Foto)	
750 g mehligkochende Kartoffeln	waschen, schälen, abspülen, in Scheiben schneide
2 Frühlingszwiebeln	putzen, waschen, in feine Scheiben schneiden
	eine Farmhaus-Kastenform mit
150 g Bacon	auslegen, Kartoffeln und Frühlingszwiebelscheiber abwechselnd einschichten, jeweils mit
Salz, Pfeffer	bestreuen, die letzte Schicht soll aus Kartoffeln bestehen
125 ml (1/8 l) heiße Gemüsebrühe	darübergeben
40 g Semmelbrösel	darüberstreuen
30 g Butter	in Flöckchen darauf setzen, die Form auf dem Ros in den kalten Backofen schieben
Ober-/Unterhitze	etwa 200 °C
Heißluft	etwa 180 °C
Gas	etwa Stufe 4
Garzeit	etwa 50 Minuten.

Ramequins

250 ml (1/4 l) Milch oder Schlagsahne	mit
2 Eiern	verschlagen, mit
Salz frisch gemahlenem Pfeffer geriebener Muskatnuß	abschmecken
8 Scheiben Toastbrot	mit
8 Scheiben Gouda oder Schweizer Käse (in der Größe der Brotscheiben)	abwechselnd schuppenförmig in den gewässerte Römertopf schichten, die Eiermilch darübergießer den Römertopf mit dem Deckel verschließen, auf dem Rost in den kalten Backofen stellen
Ober-/Unterhitze	200–220 °C
Heißluft	170–200 °C
Gas	Stufe 4–5
Garzeit	40–45 Minuten.

FARMHAUS

Kartoffel-Fleisch-Auflauf mit Minze

750 g Kartoffeln	waschen, in Wasser zum Kochen bringen, in 20–25 Minuten gar kochen, abgießen, abkühlen lassen, pellen, in Scheiben schneiden
3 EL Speiseöl	erhitzen
1 Zwiebel	abziehen, fein würfeln, darin andünsten
400 g Rindergehacktes	hinzufügen, mitdünsten, die Klümpchen mit einer Gabel zerdrücken, mit
Salz, Pfeffer	würzen, von
1 Topf Minze	die Blättchen abzupfen, abspülen, trockentupfen, kleinschneiden, unter das Gehackte geben, abwechselnd Kartoffelscheiben, Gehacktes, etwas von
80 g geriebenem Emmentaler	in den gewässerten Römertopf schichten, die Kartoffelschichten dabei jeweils mit Salz und Pfeffer bestreuen, die letzte Schicht soll aus Kartoffeln bestehen
250 ml (1/4 l) Schlagsahne	mit Salz, Pfeffer,
1 Ei	verrühren, den Rest Käse unterheben, die Masse über die Kartoffeln geben, den Römertopf mit dem Deckel verschließen, auf dem Rost in den kalten Backofen schieben
Ober-/Unterhitze	etwa 200 °C
Heißluft	etwa 180 °C
Gas	Stufe 3–4
Garzeit	etwa 40 Minuten.

Kartoffelauflauf ungarische Art

1 kg Kartoffeln	waschen, in
Salzwasser	zum Kochen bringen, in 20–25 Minuten gar kochen lassen, abgießen, noch heiß pellen, erkalten lassen
3–4 hartgekochte Eier	pellen
2 Rauchenden (etwa 200 g)	waschen
	die drei Zutaten in Scheiben schneiden, Kartoffeln, Eier, Rauchenden abwechselnd in den gewässerten Römertopf schichten, jede Schicht mit etwas von

50 g zerlassener	
Butter oder Margarine	begießen, mit
Salz	bestreuen, die oberste Schicht soll aus Kartoffeln bestehen
125 g saure Sahne	über die Kartoffeln verteilen
	den Römertopf mit dem Deckel verschließen, auf dem Rost in den kalten Backofen schieben
Ober-/Unterhitze	200–220 °C
Heißuft	180–200 °C
Gas	Stufe 4–5
Garzeit	etwa 45 Minuten
	10 Minuten vor Beendigung der Garzeit den Deckel abnehmen.

Kohlauflauf

800 g Wirsing oder Weißkohl (vorbereitet gewogen)	waschen, in Streifen schneiden, in
kochendes Salzwasser	geben, zum Kochen bringen, einmal aufkochen lassen, abtropfen lassen
2 Zwiebeln	abziehen, würfeln, mit
500 g Gehacktem (halb Rind-, halb Schweinefleisch)	
1 Ei	
1 EL Semmelbrösel	vermengen, mit
Salz	
frisch gemahlenem Pfeffer	abschmecken
	die Hälfte des Kohls in den gewässerten Römertopf geben, darauf das Gehackte verteilen, mit dem restlichen Kohl bedecken
30 g zerlassene	
Butter oder Margarine	
Kümmel	darübergeben, den Römertopf mit dem Deckel verschließen, auf dem Rost in den kalten Backofen schieben
Ober-/Unterhitze	200–220 °C
Heißluft	180–200 °C
Gas	Stufe 4–5
Garzeit	etwa 60 Minuten.

Wie schön, wenn als Tüpfelchen auf dem i nach einem gelungenen Essen noch ein leckerer Nachtisch serviert wird. Gut vorbereitet kann das Credo aller Naschkatzen während der Mahlzeit im Backofen seiner Vollendung entgegenreifen und dann verführerisch duftend auf den Tisch kommen. Süßes aus dem Römertopf – das ist immer eine Sünde wert. Da darf man gerne noch eine zweite Portion verlangen. Man gönnt sich ja sonst nichts.

Palatschinkenauflauf

(Foto Seite 1o4/1o5)

	Für den Teig
2oo g Weizenmehl	mit
3 Eigelb	
Salz	
375 ml (3/8 l) Milch	verrühren
3 Eiweiß	steif schlagen, unterheben
1oo g Butter	zerlassen, nacheinander 6–8 Palatschinken (Eierkuchen) backen.
	Für die Füllung
5o g weiche Butter	verrühren, nach und nach
75 g Zucker	
1 Päckchen Vanillin-Zucker	
2 Eigelb	unterrühren
abgeriebene Schale von 1/2 Zitrone (unbehandelt)	
1 EL Zitronensaft	
25o g Speisequark	
5o g Rosinen	dazugeben, alles gut verrühren
	die Eierkuchen gleichmäßig mit der Füllung bestreichen, aufrollen, mit der Nahtseite nach unten in den gewässerten Römertopf legen
2 Eiweiß	steif schlagen
1 Päckchen Vanillin-Zucker	unterrühren
125 ml (1/8 l) Schlagsahne	steif schlagen, mit
2 Eigelb	unterheben, die Masse auf den Palatschinken verteilen
	den Römertopf mit dem Deckel verschließen, auf dem Rost in den kalten Backofen schieben
Ober-/Unterhitze	etwa 2oo °C
Heißluft	etwa 18o °C
Gas	etwa Stufe 4
Garzeit	etwa 4o Minuten.

Birnenauflauf

750 g Birnen	schälen, vierteln, entkernen, in kleine Stücke schneiden, mit
2 EL Zitronensaft	
75 g Zucker	vermengen, durchziehen lassen
100 g Butter oder Margarine	mit den Rührbesen des Handrührgerätes auf höchster Stufe geschmeidig rühren, nach und nach
100 g Zucker	
2 Päckchen Vanillin-Zucker	unterrühren, so lange rühren, bis eine gebundene Masse entstanden ist
2 Eier	nach und nach unterrühren (jedes Ei etwa ½ Minute)
125 g Weizenmehl	mit
1 gestrichenen TL Backpulver	mischen, sieben, eßlöffelweise auf mittlerer Stufe unterrühren
	die Birnen in den gewässerten Römertopf geben, den Teig gleichmäßig darauf verteilen, glattstreichen, den Römertopf mit dem Deckel verschließen, auf dem Rost in den kalten Backofen schieben
Ober-/Unterhitze	200–220 °C
Heißluft	180–200 °C
Gas	Stufe 4–5
Garzeit	etwa 60 Minuten.
	Für die Sauce aus
375 ml (⅜ l) Milch	
1 Päckchen Saucen-Pulver Vanille-Geschmack	
3 EL kalter Milch	
20 g Zucker	nach Anleitung auf dem Päckchen eine Vanillesauce zubereiten, die Sauce heiß zu dem Birnenauflauf reichen.

Paradiesische Äpfel

4 dicke Äpfel	waschen, evtl. schälen, das Kerngehäuse mit einem Apfelausstecher entfernen
50 g Marzipan-Rohmasse	mit
10 g gesiebtem Puderzucker	verkneten, in 4 Stücke teilen, zu Rollen formen, in jeden Apfel eine Marzipanrolle drücken, die Äpfel mit
50 g flüssiger Butter	
2 EL Zitronensaft	bestreichen
2 EL Semmelbrösel	mit
1 EL Zucker	
1 Messerspitze gemahlenem Zimt	mischen, die Äpfel darin wenden
1–2 EL weiche Butter	mit
2 EL gehackten Walnußkernen	
1 EL Zucker	verrühren, so viel von dem Semmelbröselgemisch hinzufügen, daß eine feste Masse entsteht, in die Apfelöffnungen verteilen, die Äpfel in den gewässerten Römertopf setzen, mit dem Deckel verschließen, auf dem Rost in den kalten Backofen schieben
Ober-/Unterhitze	200–220 °C
Heißluft	180–200 °C
Gas	Stufe 4–5
Garzeit	30–40 Minuten
125 ml (1/8 l) Schlagsahne	1/2 Minute schlagen
1/2 Päckchen Sahnesteif	und nach Geschmack
Zucker oder Vanillin-Zucker	einstreuen, die Sahne steif schlagen
1 EL Weinbrand oder Rum	unterrühren, die Sahne kurz vor dem Servieren auf die Äpfel geben, mit
kandierten Kirschen	garnieren.

Rhabarber-Reis-Auflauf

(Für 6 Personen)	
2oo g Milchreis	mit
15o g Zucker	
75o ml (3/8 l) Milch	vermengen, in den gewässerten Römertopf geben, den Topf mit dem Deckel verschließen, auf dem Rost in den kalten Backofen schieben
Ober-/Unterhitze	2oo–22o °C
Heißluft	18o–2oo °C
Gas	Stufe 4–5
Garzeit	etwa 8o Minuten inzwischen
75o g Rhabarber	putzen, waschen (nicht abziehen), in kleine Stücke schneiden, nach 5o Minuten Garzeit mit
2 Eigelb	unter den Reis rühren, gut umrühren
2 Eiweiß	steif schlagen, locker unterheben, fertiggaren.
Beigabe	Vanillesauce.

Milchreis

1 l Milch	mit
2o g Zucker	
1 Päckchen Vanillin-Zucker	
Salz	
Schale von 1 Zitrone (unbehandelt)	zum Kochen bringen
175 g Milchreis	waschen, abtropfen lassen, in die Milch rühren, den Milchreis in den gewässerten Römertopf umfüllen, mit dem Deckel verschließen, auf dem Rost in den kalten Backofen schieben
Ober-/Unterhitze	2oo–22o °C
Heißluft	18o–2oo °C
Gas	Stufe 4–5
Garzeit	etwa 55 Minuten den Reis während des Garens 2–3 mal durchrühren, den garen Milchreis mit
Zucker und Zimt	
gebräunter Butter	reichen.

Grießauflauf mit Obst

500 g Mirabellen (aus der Dose) oder 500 g Ananasscheiben (aus der Dose)	abtropfen lassen, den Saft auffangen (die Ananas in Stücke schneiden)
500 ml (1/2 l) Milch	mit
Salz	zum Kochen bringen
125 g Weizengrieß	in die von der Kochstelle genommene Milch rühren, zum Quellen stehenlassen
1 Päckchen Pudding-Pulver Vanille-Geschmack	mit
3 EL kalter Milch	anrühren
75 g Butter oder Margarine	schaumig rühren, nach und nach
60 g Zucker	
1 Päckchen Vanillin-Zucker	
3 Eier	
2 Tropfen Backöl Zitrone	
1 gestrichenen TL Backpulver	und den noch warmen Grießbrei mit dem Pudding-Pulver unterrühren, Mirabellen oder Ananasstücke unterheben, alles in den gewässerten Römertopf umfüllen, mit dem Deckel verschließen, auf dem Rost in den kalten Backofen schieben
Ober-/Unterhitze	200–220 °C
Heißluft	180–200 °C
Gas	Stufe 4–5
Garzeit	etwa 60 Minuten.

TIP

Zu dem Grießauflauf nach Belieben den erhitzten, mit etwas angerührter Speisestärke angedickten Obstsaft reichen.

Ofenschlupfer

5 altbackene Brötchen	in feine Scheiben schneiden, mit
250 ml (1/4 l) heißer Milch	übergießen, einweichen lassen
75 g weiche Butter	mit den Rührbesen des Handrührgerätes verrühren
100 g Zucker	
1 Päckchen Vanillin-Zucker	hinzufügen
4 Eigelb	nach und nach unterrühren (jedes Eigelb etwa 1/2 Minute)
40 g gemahlene Haselnußkerne	
abgeriebene Schale von 1/2 Zitrone (unbehandelt)	unterrühren
4 Eiweiß	steif schlagen, unterheben, die eingeweichten Brötchen gut mit der Masse vermengen
600 g tiefgekühltes, gemischtes Beerenobst	auftauen lassen, gut abtropfen lassen (den Saft auffangen)
	Brötchenmasse und Beerenobst abwechselnd in den gewässerten Römertopf schichten, die letzte Schicht soll aus Brötchenmasse bestehen
1 EL Semmelbrösel	darüberstreuen
20 g Butter	in Flöckchen darauf verteilen
	den Römertopf auf dem Rost in den kalten Backofen schieben
Ober-/Unterhitze	200–220 °C
Heißluft	180–200 °C
Gas	etwa Stufe 4
Garzeit	etwa 60 Minuten
	den Ofenschlupfer auf Teller verteilen, jede Portion mit
Puderzucker	bestreuen.

TIP

Dazu schmeckt Vanillesauce. Anstatt Beerenobst kann auch dieselbe Menge geschälte, in Scheiben geschnittene Äpfel genommen werden.

Reisauflauf *mit Aprikosen*

2oo g Milchreis	waschen, abtropfen lassen
1 l Milch	mit
Salz	zum Kochen bringen, den Reis hineingeben, zum Kochen bringen, in etwa 3o Minuten ausquellen lassen (er muß noch körnig sein), erkalten lassen
1 Päckchen Pudding-Pulver Vanille-Geschmack	mit
2 gestr. TL Backpulver	mischen
5o g Butter oder Margarine	schaumig rühren, nach und nach
75 g Zucker	
2 Päckchen Vanillin-Zucker	
4o g abgezogene, gemahlene Mandeln	
3 Eier	
2 Tropfen Backöl Zitrone	und den Reis mit dem Pudding-Pulver unterrühren
5oo g Aprikosenhälften (aus der Dose)	abtropfen lassen, halbieren, die Hälfte der Reiscreme in den gewässerten Römertopf geben, die Aprikosen darauf verteilen, mit der restlichen Reiscreme bedecken, den Römertopf mit dem Deckel verschließen, auf dem Rost in den kalten Backofen schieben
Ober-/Unterhitze	2oo–22o °C
Heißluft	18o–2oo °C
Gas	Stufe 4–5
Garzeit	etwa 6o Minuten.

Kirschauflauf

5 EL Weizenmehl	in eine Schüssel geben
Salz, 4 Eier	
1oo g gemahlene Haselnußkerne	
etwa 5oo ml (½ l) Milch	hinzufügen alle Zutaten mit den Rührbesen des Handrührgerätes zu einem glatten Teig verarbeiten
abgeriebene Schale von ½ Zitrone (unbehandelt)	hinzufügen

720 g Sauerkirschen (aus dem Glas)	zum Abtropfen auf ein Sieb geben, unter den Teig heben, den gewässerten Römertopf mit etwas von
100 g Butter	ausstreichen, den Teig in den Römertopf füllen, mit der restlichen Butter belegen, den Römertopf mit dem Deckel verschließen, auf dem Rost in kalten Backofen schieben
Ober-/Unterhitze	etwa 220 °C
Heißluft	etwa 200 °C
Gas	Stufe 4–5
Garzeit	etwa 60 Minuten
2 EL abgezogene, gemahlene Mandeln	auf den Kirschauflauf streuen.

Quarkcremeauflauf *mit Sauerkirschen*

720 g Sauerkirschen (aus dem Glas)	zum Abtropfen auf ein Sieb geben, den Saft auffangen, mit
Rotwein	auf 500 ml (1/2 l) auffüllen
1 Päckchen Pudding-Pulver Vanille-Geschmack	mit 2/3 von
125 g Zucker	und der Hälfte von
250 ml (1/4 l) kalter Milch	
2 Eigelb	anrühren, die übrige Milch zum Kochen bringen, das Pudding-Pulver in die von der Kochstelle genommene Milch rühren, unter ständigem Rühren einmal aufkochen lassen
2 Tropfen Backöl Zitrone	
500 g Speisequark	unterrühren
2 Eiweiß	steif schlagen, nach und nach den restlichen Zucker unterschlagen, unter den Pudding heben, die Kirschen in den gewässerten Römertopf geben, die Puddingmasse darauf verteilen, glattstreichen, den Römertopf mit dem Deckel verschließen, auf dem Rost in den kalten Backofen schieben
Ober-/Unterhitze	200–220 °C
Heißluft	180–200 °C
Gas	Stufe 4–5
Garzeit	etwa 45 Minuten

(Fortsetzung Seite 116)

20 g Speisestärke	
15 g Zucker	mit 2 Eßlöffeln von dem Kirschsaft-Rotwein-Gemisch anrühren, die übrige Flüssigkeit zum Kochen bringen, mit der Speisestärke binden, die Sauce heiß zu dem Auflauf reichen.

Schokoladen-Früchte-Auflauf

500 g Rhabarber	waschen (nicht abziehen) in Stücke schneiden, mit 40 g von
160 g Zucker	in einem Topf einmal gut aufkochen lassen, zum Abtropfen auf ein Sieb geben (Saft auffangen)
300 g Erdbeeren	putzen, waschen, halbieren oder vierteln, mit etwas Zucker bestreuen
4 Eigelb	mit 5 Eßlöffeln Rhabarbersaft und 100 g Zucker,
1 Päckchen Vanillin-Zucker	etwa 3 Minuten schaumig schlagen
50 g Speisestärke	mit
20 g Kakao	vermischen, unter die Eigelbmasse rühren
100 g abgezogene, gemahlene Mandeln	unterrühren
2 Eiweiß	steif schlagen, unterheben
	die Masse in den gewässerten Römertopf geben, Rhabarber und Erdbeeren darauf verteilen, mit dem Deckel verschließen, auf dem Rost in den kalten Backofen schieben
Ober-/Unterhitze	etwa 200 °C
Heißluft	etwa 180 °C
Gas	Stufe 3–4
Garzeit	40–45 Minuten
	den Auflauf herausnehmen
2 Eiweiß	mit dem restlichen Zucker steif schlagen, auf den Auflauf verteilen, etwas am Rand frei lassen
30 g abgezogene, gehobelte Mandeln	darauf streuen, ohne Deckel etwa 2 Minuten unter den vorgeheizten Grill stellen, goldgelb überbacken.

Quarkauflauf

75 g weiche Butter	
oder Margarine	schaumig rühren, nach und nach
125 g Zucker	
1 Päckchen	
Vanillin-Zucker	
2 Eier	
2 Tropfen	
Backöl Zitrone	
Salz	
5oo g Speisequark	unterrühren
1 Päckchen	
Pudding-Pulver	
Vanille-Geschmack	mit
5o g Weizengrieß	
3 gestrichenen TL	
Backpulver	mischen, nach und nach unterrühren, falls der Tei etwas zu fest sein sollte, so viel
Milch	hinzugießen, daß er eine kartoffelbreiähnliche Beschaffenheit erhält
5oo g Äpfel	schälen, vierteln, entkernen, in kleine Würfel schneiden
5o g verlesene Rosinen	mit den Äpfeln unter den Teig heben, den Teig in den gewässerten Römertopf geben, mit dem Deckel verschließen, auf dem Rost in den kalten Backofen schieben
Ober-/Unterhitze	2oo–22o °C
Heißluft	18o–2oo °C
Gas	Stufe 4–5
Garzeit	etwa 6o Minuten.

Französische Birnenspeise

4 reife Birnen	schälen, halbieren, entkernen
3 Scheiben Weißbrot	
(je etwa 2 cm dick)	mit
3o g Butter	bestreichen
3 gehäufte TL	
Preiselbeeren	darauf verteilen, die Hälfte von
2o g Butterflöckchen	in den gewässerten Römertopf geben, die Weißbrotscheiben nebeneinander hineinlegen, di Birnenhälften schuppenförmig darauf geben, mit

6 EL Orangensaft	beträufeln
50 g Zucker	mit
1 gestrichenen TL gemahlenem Zimt	mischen, die Birnen damit bestreuen, die restlichen Butterflöckchen auf die Birnen setzen, den Römertopf mit dem Deckel verschließen, auf dem Rost in den kalten Backofen schieben
Ober-/Unterhitze	200–220
Heißluft	180–200
Gas	Stufe 4–5
Garzeit	etwa 60 Minuten.

Apfelreis

500 g Äpfel	schälen, vierteln, entkernen, in Scheiben schneiden
200–250 g Brühreis	waschen Äpfel und Reis (wenn der Reis kalt gegessen werden soll, die kleinere Reismenge verwenden) mit
1 l heißem Wasser *Salz* *50–75 g Zucker* *40 g Butter oder Margarine* *abgeriebener Schale von 1 Zitrone (unbehandelt)*	vermengen, in den gewässerten Römertopf geben, mit dem Deckel verschließen, in den kalten Backofen stellen den Apfelreis während des Garens 2–3 mal durchrühren
Ober-/Unterhitze	200–220 °C
Heißluft	180–200 °C
Gas	Stufe 4–5
Garzeit	50–60 Minuten den garen Apfelreis mit
Zucker und Zimt *gebräunter Butter*	servieren.

TIP

Anstatt der Äpfel können auch Birnen verwendet werden.

Deckel auf, Zutaten hinein, Deckel zu – und ab mit dem Römertopf in den Backofen. So einfach ist das. Fast. Ein paar Kleinigkeiten sollte man schon noch berücksichtigen, will man das irdene Geschirr richtig handhaben. Das besondere Material erfordert eben auch besondere „Umgangsformen". Nichts, was kompliziert wäre, denn das widerspräche ja der genialen, weil einfachen Idee des Römertopfes. Trotzdem sollte man sich vor der Erstbenutzung die Tips des Herstellers durchlesen.

Was es außerdem noch zu beachten gilt, bevor man sich dem „Genuß ohne Reue" hingibt, verrät Ihnen unser kleiner Ratgeber.

Garen im Römertopf

Das Garen im Römertopf hat eine lange Tradition – und das zu Recht. In ihm können Speisen mit einem Minimum an Flüssigkeit oder ganz ohne gegart werden.
Saft, Aroma, Geschmack, Nährstoffe und Vitamine der Speisen bleiben weitgehend erhalten. Sie werden nicht mit überschüssigem Kochwasser abgegossen.

Der Römertopf ermöglicht das Garen fast aller Gerichte ohne Fett und ist damit auch vorzüglich für die Zubereitung von Schonkost geeignet. Lediglich bei trockenen Fleischsorten empfiehlt sich ein geringer Zusatz. Wenn in den Rezepten das Auspinseln der Fleischstücke oder des Römertopfes mit Butter oder Öl angegeben wird, kann aus Diätgründen auch darauf verzichtet werden.

Der poröse Ton ermöglicht einen völlig naturgemäßen Garvorgang. Das Wasser in den Tonporen schafft zudem bei der langsamen Erwärmung eine milde Dunstschicht, die sich sowohl im Inneren als auch außerhalb des Topfes verbreitet. Dadurch kann z.B. Braten eine Kruste bekommen, ohne auszutrocknen. Eintöpfe und Aufläufe lassen den Geschmack aller Ingredienzien vollkommen verschmelzen. Suppen köcheln langsam vor sich hin, ohne zu verkrusten.

Die Original Bay-Römertöpfe sind an den Bratstegen auf dem Boden erkennbar. Diese verhindern den direkten Kontakt zwischen Bratgut und Flüssigkeit, so daß es gleichmäßig von allen Seiten bräunen kann.

Die beiden Hälften des Topfes sitzen mit einem breiten Rand aufeinander und halten so gut zusammen. Der Deckel kann nicht mehr kippen. Ein kleiner Spalt von 2–4 mm zwischen Ober- und Unterteil des Römertopfes muß jedoch bleiben, damit der Druck im Topf reguliert wird und überschüssiger Dampf abziehen kann.

Vor dem ersten Gebrauch

Ein neuer Römertopf sollte trocken ausgebürstet werden, damit sich der evtl. noch anhaftende Tonstaub löst. Anschließend den Topf für mindestens 30 Minuten in kaltes Wasser legen. An manchen neuen Töpfen haftet aufgrund unsachgemäßer Lagerung ein schwacher Geruch. Um zu verhindern, daß er auf Lebensmittel übergeht, reibt man die Form von innen mit einer halben Zwiebel aus, füllt sie halbvoll mit Wasser und stellt sie für mindestens 1 Stunde bei 100 °C in den Backofen.

Handhabung und Pflege

- Vor jeder Benutzung müssen der Topf und besonders auch der Deckel gewässert werden. Wenn Sie wenig Zeit haben, genügt es schon, Topf und Deckel oder auch nur den Deckel etwa 30 Sekunden unter fließendes kaltes Wasser zu halten. Die Poren nehmen in dieser Zeit ausreichend Wasser auf. Damit Sie immer daran denken, haben wir in jedem Rezept noch einmal darauf hingewiesen. Bei Suppen und Eintöpfen, die viel Wasser enthalten, genügt diese Zeit. Besser ist es, den Topf für etwa 15 Minuten komplett in ein Becken mit Wasser zu geben. Bei Fleisch und insbesondere bei den trockenen Fleischsorten wie Rind oder Hase empfiehlt es sich, die Form länger zu wässern; zu lang kann es nie sein, zu kurz dagegen leicht.

- Der Original Römertopf darf nur im Backofen verwendet werden. Nicht auf die heiße Herdplatte oder auf offenes Feuer setzen.

- Geben Sie niemals kalte Flüssigkeit während des Garens in den Topf, die Form kann sonst zerspringen. Umgekehrt sollte auch keine heiße oder gar kochende Flüssigkeit in den kalten Topf gegeben werden.

- Grundsätzlich müssen alle Speisen in der geschlossenen Form gegart werden. Nur für das zusätzliche Überkrusten von Braten kann der Deckel 10–15 Minuten vor Garende abgenommen werden.
  Durch das Garen mit Deckel ergibt sich auch ein weiterer Vorteil: Aus der Tonform heraus kann nichts in den Backofen spritzen, so daß dieser sauber bleibt.

- Wenn Sie erstmals mit dem Römertopf arbeiten, prüfen Sie zu Beginn, ob die Gerichte in der angegebenen Zeit gar werden. Die Temperaturen und Aufheizzeiten variieren bei den unterschiedlichen Herden beträchtlich. Experimentieren Sie ruhig ein wenig und probieren Sie eigene Rezepte aus. Lassen Sie dabei die Gerichte lieber ein wenig zu lange im Ofen, es schadet ihnen nicht.

- Wenn Sie den heißen Römertopf aus dem Ofen nehmen, denken Sie daran, daß der Römertopf empfindlich gegen plötzliche Temperaturänderungen ist. Stellen Sie die Form deshalb entweder auf ein Kuchengitter, auf ein Holzbrett oder auf ein zusammengelegtes, trockenes Handtuch.

- Nach Gebrauch reinigen Sie den Topf mit heißem Essigwasser, ein paar Tropfen mildem Spülmittel und einer Bürste. Nach etwa 5omaliger Benutzung sollten Sie ihn eine halbe Stunde lang in Wasser auskochen. Die Poren sind dann wieder völlig frei und atmungsaktiv.

- Ein Römertopf darf niemals an einem feuchten, muffigen Ort aufbewahrt werden. Stellen Sie ihn – beide Hälften ineinandergestapelt – an einen luftigen Ort, an dem sich kein Küchendunst niederschlagen kann.

Formen

Römertöpfe gibt es in vielen Formen und Größen. Neben schlichten Tonformen gibt es verzierte Töpfe, auch in Fisch- oder Huhnform, in hellem oder in dunklem Ton.
Bei der Wahl des Römertopfes ist zu berücksichtigen, daß die Größe den Gerichten angepaßt sein soll, die man darin zubereiten will. Der Römertopf sollte nicht übervoll sein, allerdings ist es auch wenig sinnvoll, zu kleine Mengen in einer großen Form zu garen. Vor allem bei Fleisch ist dies sehr nachteilig, weil ein kleines Stück Fleisch in einem zu großen Topf nicht genug im eigenen Saft schmoren kann und zu trocken wird.
Suppen und Eintöpfe, Fleisch- und Gemüsegerichte können problemlos in ein und demselben Römertopf zubereitet werden. Fischgerichte dagegen sollten in einer speziell dafür reservierten Form gegart werden, da der Fischgeschmack unweigerlich auf andere Speisen übergeht.
Auch süße Speisen sollten in einem extra Römertopf zubereitet werden.

Neben den klassischen Römertopf-Formen gibt es eine Reihe von speziellen Töpfen. Dazu gehören der Kartoffelröster, der Knoblauchröster, die Farmhaus-Quiche-Form und die Farmhaus-Kastenform. Eine ganz besondere Idee ist der Cherokee, in dem man durch glühende Kohle in einem speziellen Kohlefach des Topfes Hitze zuführt. Damit ist man völlig unabhängig von Ofen und Küche und kann auch im Freien kochen.

Garen in der Mikrowelle

Mikrowellen können – ohne viel Energie zu verlieren – auch Ton durchdringen. Deshalb kann jeder Römertopf auch in die Mikrowelle gestellt werden. Er muß nur die richtige Größe besitzen. In die kleinen Mikrowellenherde passen eher die kleinen Formen. In einem Kombinationsherd werden Sie jede Form unterbringen können. Wie beim Garen im Backofen sollten auch hier Topf und Deckel oder zumindest der Deckel gewässert werden. Der Römertopf sollte immer mit dem Deckel verschlossen werden. Da die Mikrowellen aber extrem schnell arbeiten, ist es sinnvoll, wenn Sie anfangs etwas auf dem Beobachtungsposten sind, um ein Gefühl für die neuen Garzeiten zu bekommen.

Ideale Ergebnisse in kürzester Zeit mit viel Energieersparnis erhalten Sie bei der Kombination von Mikrowelle mit Ober-/Unterhitze, Heißluft oder Gas im Backofen. Insbesondere beim Auftauen und anschließenden Weiterverarbeiten von Braten oder Speisen hat sich diese Methode bewährt. Unter der Mikrowelleneinwirkung erreicht das Gargut eine Temperatur von maximal 13o °C. Wenn der Garprozeß im Backofen weitergeführt werden soll, muß dieser in etwa auf die gleiche Temperatur vorgeheizt werden.

Suppen & Eintöpfe

Gemüse

Fleisch

Wild & Geflügel

Fisch

Pikant Backen & Aufläufe

Süßes

Ratgeber

Umwelthinweis

Dieses Buch und der Schutzumschlag wurden auf chlorfrei gebleichtem Papier gedruckt. Die Einschrumpffolie – zum Schutz vor Verschmutzung – ist aus umweltfreundlicher und recyclingfähiger PE-Folie.

Falls Sie Fragen oder Anregungen zu unseren Büchern haben, rufen Sie uns an (05 21/52 06 42) oder schreiben Sie uns: Ceres Verlag, Postfach 100385, 33503 Bielefeld. Wir antworten Ihnen umgehend.

Die Rezepte sind – wenn nicht anders angegeben – für 4 Personen berechnet.

Wir danken für die freundliche Unterstützung Römertopf International, Eduard Bay GmbH & Co. KG, Ransbach-Baumbach

Redaktion Eva Müller

Fotos

Titelfoto Brigitte Wegner, Bielefeld

Foodstyling Claudia Glünz-Wunder, Nordhorn

Innenfotos Bernd Wohlgemuth, Hamburg

Foodstyling Christian Splettstösser, Hamburg

Kapiteltexte Doris Pieper, Rheda-Wiedenbrück

Satz adrupa, Paderborn

Gestaltung Kontur Design, Bielefeld

Reproduktionen Mohndruck Graphische Betriebe GmbH, Gütersloh

Herstellung Mohndruck Graphische Betriebe GmbH, Gütersloh

ISBN 3-7670-0541-7